LA MORT

D'UN FRANC-MAÇON

OUVRAGES DE M. EUGÈNE LOUDUN

La Vendée, le pays, les mœurs, la guerre, 1 vol. in-8°.

Les trois Races, les Anglais, les Allemands, les Français, 1 vol. in-12.

Les derniers Orateurs (1848-1852), 1 vol. in-12.

L'Exposition Universelle des Beaux-Arts en 1855, 1 vol. in-8°.

Étude sur les Œuvres de Napoléon III, in-8°.

Les Victoires de l'Empire, 1 vol. in-12.

Les Pères de l'Église, 1 vol. in-12.

La Bretagne, paysages et récits, 1 vol in-12.

Les nouveaux Jacobins, 1 vol. in-12.

Les Précurseurs de la Révolution, 1 vol. in-8°.

Les Découvertes de la Science sans Dieu, 1 vol. in-8°.

Les Ignorances de la Science moderne, 1 vol. in-12.

S. A. le Prince Impérial, in 8°.

Le Mal et le Bien, tableau de l'Histoire Universelle du monde païen et du monde chrétien. 5 vol. in-8°.

L'Italie moderne, 1 vol. in-12.

Journal de Fidus, 3 vol. in-12.

LA MORT

D'UN

FRANC-MAÇON

PAR

EUGÈNE LOUDUN

PARIS

LIBRAIRIE VICTOR PALMÉ

(SOCIÉTÉ GÉNÉRALE DE LIBRAIRIE CATHOLIQUE)

76, rue des Saints-Pères, 76

BRUXELLES	**GENÈVE**
SOCIÉTÉ BELGE DE LIBRAIRIE	H. TREMBLEY, Libraire-Éditeur
8, rue Treurenberg.	*4, rue Corraterie, 4*

1890

PREMIÈRE PARTIE

I

L'ARRIVÉE — PREMIÈRES IMPRESSIONS

30 mars 1886. — Aujourd'hui, à huit heures du soir, il est arrivé de Bruxelles. Je suis allé à la gare du Nord, pour le recevoir et l'accompagner à l'hôtel où il doit passer la nuit, avant d'être conduit à l'hôpital Saint-Louis. Quoique je ne l'eusse pas vu depuis bien des années, je ne doutais pas de le reconnaître; mais, de plus, une de ses dernières lettres me donnait un moyen de le distinguer des autres voyageurs : « La destruction de ma figure », m'avait-il écrit,

« se poursuit à vue d'œil ; je ne sors plus, même en voiture, qu'avec un voile bleu. »

En effet, dans la foule empressée des voyageurs qui descendaient des wagons, je le découvris tout de suite, la tête couverte d'un chapeau mou à grands bords, d'où retombait un voile bleu qui cachait entièrement sa figure. Il s'avançait à petits pas, soutenu par le bras d'un serviteur chargé de l'accompagner à Paris.

Il paraissait si faible, que je lui demandai s'il pourrait traverser la cour de la gare qui le séparait de l'hôtel. C'est une nature énergique : il refusa une voiture, et monta même presque facilement jusqu'à sa chambre, au premier étage. Mais, à peine entré, il s'affaissa, il s'effondra, suivant sa propre expression, sur un fauteuil, à bout de forces, et comme un homme que va quitter la vie.

Mais non ! lorsqu'on lui eut ôté ses vêtements et qu'il fut étendu sur un lit, je fis deux remarques contraires : la ruine avancée de l'homme physique et l'extraordinaire vitalité de l'homme moral.

L'aspect de sa tête était épouvantable : un bandeau en enveloppait plus d'un tiers, couvrait le front, l'œil droit, le haut du nez et presque toute la joue jusqu'au-dessous de la bouche, c'est-à-dire les parties rongées par le mal; seule, l'extrémité du nez, déjà atteint à l'une des narines, faisait un peu saillie hors de cette large bande de toile blanche, et sous le sourcil droit on voyait un œil aux paupières tuméfiées, rougies, mais animé d'un regard singulièrement pénétrant.

Ce n'est pas sans effort que mes yeux pouvaient s'arrêter sur lui.

Mais j'ai été bien plus étonné, quand, se redressant sur son séant, élevant les bras, comme s'il se trouvait dans l'état le plus sain, il s'est mis à parler : avec une facilité, une abondance, une clarté, une précision, une force qu'on eût admirées dans un orateur, il a résumé tout ce qui le concerne, son passé, les grands projets qu'il a conçus, les obstacles qu'il a rencontrés, ses succès, ses revers, tout cela se succédant en récits rapides, en traits vifs et saisissants. J'appris là plusieurs incidents de sa vie qui m'étaient inconnus : il me dit son quatrième, son cinquième voyage en Amérique, pour le percement du *canal de Nicaragua*, « bien plus facile à exécuter, moins dispendieux, plus avantageux à tous les égards que celui de Panama », s'écriait-il, en fulminant contre M. de Lesseps ; sa participation à la Commune ; ses deux séjours à Bruxelles ; son affiliation à la Franc-Maçonnerie. Il attachait évidemment de l'importance à ce que je fusse informé de cet événement considérable dans son existence ; au souvenir de son admission au grade de *Maître* (à Bruxelles), il s'exaltait d'orgueil : « On m'a interrogé ; j'ai répondu à tout, de manière à étonner les assistants ; j'ai parlé plus d'une heure et demie : on était enthousiasmé, on m'a reçu d'acclamation ! »

Quelques mots seulement sur la religion, mais dits avec l'emportement d'un sectaire.

Dans ce résumé de sa vie, dans ce débordement d'une intelligence qui se décharge de tout ce qu'elle a contenu depuis longtemps, il semblait qu'il avait oublié son mal. Tout en parlant, il a avalé un consommé; il est tard, il faut que je lui rappelle que demain je dois le conduire de bonne heure à l'hôpital Saint-Louis.

En m'en allant, je pensais à cet homme, ce Franc-Maçon, cet ennemi de la religion, qui acceptait de se faire soigner dans un hôpital où sont restées les Sœurs; je ne m'en étonnais pas: je sais comment se comportent certains radicaux et libres penseurs, votant les lois de persécution contre l'Église, et faisant élever leurs filles au couvent et leurs fils dans les collèges des jésuites. Mais j'avais de lui plus qu'un assentiment secret, son désir formel, son expresse volonté: « Pas d'hôpital laïque! m'avait-il écrit peu de jours auparavant, je connais de réputation les grands hôpitaux de Paris à base laïque et athée, qui ne sont que de grandes exploitations. Je n'y aurais pas ce régime généreux et fortifiant, ces soins qu'on ne trouve plus que dans les hôpitaux dirigés par les Sœurs, où les Sœurs sont tout... Il me faudrait une maison religieuse, où l'on me recevrait comme un hôte; j'y serais suivi par une haute influence particulière, celle des Pères et des Mères de l'Assomption. » (Lettre du 22 mars 1886.)

Et aujourd'hui, il parlait comme un adversaire forcené de la religion. Quelle contradiction! Quel combat se livrait donc dans son esprit?

31 mars. — Je l'ai conduit à l'hôpital Saint-Louis. Le chirurgien en chef, M. le docteur Vidal, a soulevé son bandeau, et l'a fait immédiatement inscrire. Il est logé dans une chambre d'un pavillon séparé, et soigné par une Sœur. Il s'est tendu avec une énergie surprenante, pour traverser un jardin et deux longues cours pavées ; pâle d'une pâleur cadavérique, il se tenait droit comme un soldat, jusqu'au moment où, couché dans son lit, il demeura immobile, inerte, sans voix : il semblait n'avoir plus que quelques instants à vivre.

II

RÉSUMÉ DE SA VIE

Il faut dire qui il est : il s'appelait Félix Belly ; ce nom est aujourd'hui à peu près ignoré, comme ceux de tant de journalistes, qui ont dépensé un puissant talent, de vastes connaissances, dans mille articles, lus, loués en courant, oubliés aussitôt que lus. Il n'avait pas été toujours inconnu : pendant plus de dix ans, de 1845 à 1856, il avait une notoriété : rédacteur du *Constitutionnel*, du *Pays*, on trouverait des articles signés de son nom dans *le Correspondant* (sur les Finances, en 1847) ; il avait publié dans *la Revue des Deux-Mondes* un grand ouvrage, qui parut plus tard en deux volumes. Il avait été envoyé par *le Constitutionnel* en Irlande, pour l'Exposition universelle de Dublin ; par *le Pays*, en Orient, au camp d'Omer-Pacha, la veille de la campagne de Crimée, non en *reporter*, comme on dit aujourd'hui, mais comme un écrivain instruit, compétent, capable de constater les progrès de l'industrie moderne, aussi bien que d'apprécier les ressources de l'empire ottoman.

Ses confrères de la presse, ses adversaires, reconnaissaient ses talents : c'était, à la fois, un esprit sérieux, qui s'était appliqué à l'étude des questions de commerce, d'industrie, et de cette science assez moderne, l'économie politique, terrain vague et indéterminé, qui confine à la politique et à la philosophie ; et un homme d'imagination, intelligence vive, entreprenant, tête ardente, parlant, écrivant d'un style impétueux, parfois éloquent. Nul ne traitait mieux les sujets de finances que cet homme qui s'enthousiasmait comme un poète : « Rien de grand ne se fait, même dans les sciences, a-t-on dit, sans imagination. »

Je vais souvent le voir, tous les jours autant que possible ; à peine arrivé, il se met à parler : en me retrouvant après plusieurs années, il semble qu'il revit en arrière ; il a besoin de se raconter. C'est ainsi que, par fragments, par des récits sans ordre, je suis mis au courant d'événements, de périodes de sa vie que je ne connaissais pas.

Instruit en tant de choses, comment a-t-il appris tout cela ? où ? quand en a-t-il eu le temps ? jamais stable, jamais assis, jamais en repos, toujours en mouvement, voyageant, passant dans tous les pays du monde.

Quelle existence ! Né à Grenoble, d'un officier supérieur de l'Empire mort jeune, ainsi que sa mère ; élevé par un oncle, évêque en Piémont ; précepteur à Turin, dans une famille Barbaroux, dont il fait l'éloge ; journaliste à Alger, où il se marie ; séparé de sa femme au bout de trois mois ; il arrive en 1844 à Paris. Pendant la deuxième République, il est sur le point de devenir sous-préfet de Beaupréau, par le crédit de M. de Falloux, à qui il avait rendu un service de presse. Sous l'Empire, tour à tour, il rédige un journal à Dijon (*l'Élu du peuple*), à Rouen (*l'Impartial*); il devient rédacteur du *Constitutionnel*, à Paris. Dans sa mission en Orient, bien accueilli du grand vizir Mustapha, il lui propose une grosse affaire, un emprunt que devait patronner Mirès; l'affaire manqua : « Mirès exigea trop des grandes maisons de Londres ». Mirès était le propriétaire du journal *le Pays*, et le rédacteur en chef était un autre Juif, M. Jules Cohen, de la tribu de Lévi, disait-on : déjà les Juifs avaient mis la main sur la presse. Par une pique d'amour-propre, il quitte le *Pays*, et fonde un recueil, *le Musée des Sciences*, qui ne réussit pas, où il mange ses économies. Mais, ici, s'ouvre une nouvelle carrière : une idée le passionne, qui va remplir le reste de sa vie, la coupure de l'*Isthme Américain*.

Non pas l'isthme de Panama, mais plus haut,

au Nicaragua : il reprend, en le modifiant, le projet conçu par le prince Louis-Napoléon, pendant sa captivité de Ham. Les entretiens qu'il avait eus avec des Américains de Costa-Rica et du Nicaragua l'avaient confirmé dans cette pensée que là seulement était la solution du problème. La coupure à Panama était impraticable; il faudrait y enfouir des sommes immenses, incalculables; celle par le Nicaragua est facile, peu dispendieuse. Le lac qui occupe la plus grande partie de l'isthme est un port intérieur immense, assez profond pour les plus grands vaisseaux, assez vaste pour contenir toutes les flottes du monde; la rivière, le San-Juan, qui aboutit à l'Atlantique, peut être aisément canalisée; du côté du Pacifique, il n'y a qu'une étroite bande de terre à couper, des collines peu élevées. Minimes seront les dépenses et le travail : avant peu d'années, par cette voie de communication entre les deux océans, une route nouvelle sera ouverte au commerce, les nations portées l'une vers l'autre, les relations du monde changées : « Cette jonction, selon le mot du prince Louis-Napoléon, hâtera les progrès du christianisme et de la civilisation. » Ce sera la plus grande révolution de l'univers depuis Christophe Colomb !

Plein de cette grande idée, animé par les encouragements des Américains, il part pour étudier le projet dans le pays même. Il était porteur d'une lettre d'un directeur du ministère des affaires étrangères, M. P. Faugère. Ce n'était pas une lettre officielle, mais qu'importe ? à cette distance, qui fera la distinction ? Il était annoncé comme un envoyé du gouvernement français, qui venait réaliser l'ancien projet de l'Empereur Napoléon III : tel le représentaient les journaux américains, le *New-York Herald*, le *Journal des Débats* même. Il est reçu en triomphe : on va au-devant de lui ; il entre dans la ville de San-José de Costa-Rica pavoisée, à cheval, au milieu d'une population enthousiaste, saluant un bienfaiteur, un conquérant pacifique qui va enrichir le pays; on l'appelle *M. le Ministre*, on ne doute pas qu'il ne soit approuvé par l'Empereur. Il ne le dément pas, il ne nie pas, il se grise lui-même de son succès[1].

Il examine, cependant, très sérieusement l'entreprise, se convainc de l'exactitude des renseignements qu'on lui a donnés et, sans perdre de temps, conclut, avec les chefs des deux républiques, un traité, où sont réservés équitablement les droits de la Compagnie, de la France et du Centre-Amérique; puis il repart, afin de réunir les moyens d'exécution.

Animé d'une ardeur qui double ses forces, il organise rapidement une société, où l'on trouve les noms des princes Camille et Alphonse de Polignac; il engage des ingénieurs pour les son-

1. Il affirme, dans son livre, qu'il écrivit tout de suite au président, pour l'informer qu'il n'avait aucun titre et aucun mandat officiel.

dages, des savants pour examiner les terrains, les ressources du sol (l'un d'eux a aujourd'hui une autorité dans la presse scientifique, M. H. de Parville), des mécaniciens pour les machines; il rassemble tout ce qui peut servir à une immense entreprise et à une colonisation nouvelle.

Il part, il traverse l'Océan, il arrive. Mais que trouve-t-il? Ce qui est l'état normal dans ces républiques américaines : une révolution. La République, un républicain, M. Naquet, l'a définie : « une perpétuelle instabilité », et c'était un éloge. Que dis-je? une révolution! deux, trois révolutions!

Le président qui a signé le traité n'est plus président; il a été renversé, pris, fusillé. Un autre lui a succédé, puis un autre. Il ne faut pas longtemps en ces pays-là pour changer les constitutions et les gouvernements; sous le soleil qui fait courir le sang dans les veines, on va vite. Tout est changé; de plus, des convoitises se sont éveillées, les Américains du Nord jettent déjà un regard sur ces riches contrées, sur ce canal si facile à faire : « Cet étranger, ce Français, disent-ils, est un aventurier; le gouvernement français ne le reconnaît pas, il l'a désavoué. » Il y avait du vrai dans ces accusations : Belly avait trop fait sonner sa lettre du ministère des affaires étrangères; le gouvernement français pouvait être compromis, une note avait été publiée pour rétablir la vérité. Il comptait trouver un accueil empressé, secours, coopération, dans le gouvernement du pays même ; tout lui manquait.

Il se rembarque, il retourne en France.

A partir de ce moment, ce n'est plus une vie normale, une existence qui va droit devant elle et qu'on suit : l'inventeur a une telle foi dans son œuvre, qu'il prétend l'emporter, malgré tous les obstacles, toutes les oppositions. Sa vie est une suite de combats, d'efforts coup sur coup tentés : il n'a pas d'argent, pas de protecteurs; ses projets semblent s'être écroulés, ses plans à jamais irréalisables; il ne désespère pas, il ne les abandonne pas, il ne s'abandonne pas. Que ne fait-il pas! Il s'adresse au duc de Brabant, plus tard Léopold II, « qui avait déjà manifesté des vues sur la nécessité pour son pays de se répandre à l'extérieur » ; mais le duc de Brabant n'était pas encore roi, il ne pouvait rien. Il retrouve d'autres hommes, les réunit, les presse, les raisonne, les passionne, les persuade du succès. Un navire est chargé de tout ce qui est nécessaire à une colonie, machines, outils, graines, semences, livres même. Il sort du port : à vingt lieues de Marseille, une tempête l'assaille, qui brise tout; tout est encore perdu.

Il se retourne alors vers un autre public, le grand public : dans *la Revue des Deux-Mondes*, il publie ce livre, où l'*Amérique centrale* est peinte avec un tel charme, où ce paradis du monde vit si brillant, si parfumé, si doux, si attachant, si fertile, si riche, que les banquiers et les millionnaires y croient et lui offrent de l'aider. Le chocolatier Menier, qui voit dans le Nicaragua un vaste champ de production et d'exploitation, fait imprimer le livre à ses frais, avec de belles cartes; un financier fameux, un habile manipulateur d'argent, M. Philippart, s'enflamme, lui donne des fonds, lui assure un intérêt sur les bénéfices. Belly repart; tout va recommencer, il va réussir. Mais le financier, joueur comme un poète, joue sur ses propres valeurs, perd une trentaine de millions, plonge et, pour un temps, disparaît.

Une autre fois, c'est James Fazy, le président du Conseil d'État de Genève, qu'il a gagné, entraîné, ensorcelé. — Comment, pourquoi ce dictateur radical de la Suisse, de la Suisse internée au milieu de l'Europe, sans ports, sans vue de la mer, écoute-t-il ce perceur d'isthme? Il ne l'écoute pas seulement; il forme une société pour l'aider dans son gigantesque projet. Mais échec encore de ce côté. Pourquoi? Ici, un nuage passe, on ne voit plus rien, c'est la nuit.

Un autre jour, le voilà à Bruxelles, exposant à un grand banquier juif, M. Bischoffsheim, le plan d'une affaire colossale, qui n'est, à ses yeux, qu'un moyen, un pont pour traverser et arriver à son canal : une *banque universelle* en Amérique, qui n'a pas de billets de banque, de type de monnaie général. Son organisation était toute prête, des représentants de tous les Etats formaient le conseil; M. Ernest Picard, pour la France, avait accepté; cela valait mieux que d'être ministre éphémère de la République. Le banquier juif l'écoute avec attention, lui donne de l'argent, et l'adresse à ses neveux à Londres. Il va à Londres, il leur développe son idée : pour une telle entreprise, il faut de grands capitaux, un grand crédit; les banquiers juifs le laissent s'expliquer tout au long, puis, lui disent : « Nous venons de gagner 20 millions avec notre signature, sans risques, en souscrivant pour les milliards de la France à payer aux Prussiens ; votre idée est magnifique, mais nous avons trop d'affaires. »

Dans ce récit de sa vie, fait à plusieurs reprises, il faut bien le dire, il n'y a pas de suite : sans se préoccuper des dates, il passait d'un fait à un autre, selon ses souvenirs ; tout est vrai, mais tout est mêlé ; sa narration était l'image de sa vie.

Ainsi, tour à tour, tout manquait sous lui : il est donc tombé à plat, par terre ! Mais non. Dans cette course étourdissante à travers les deux mondes, de temps en temps il reparaît : on le rencontre par hasard, on le perd, on le retrouve. Un jour il revient, accablé, épuisé, sans argent, sans abri, et demande à un ami l'hospitalité de quelques semaines, de quelques mois, pour reprendre haleine et repartir. Il y était demeuré deux ou trois mois : « Je me chauffe à votre feu », disait-il ; puis il s'était relancé dans la mêlée du monde, comme dans la mer, nageant de toutes ses forces, ne doutant pas qu'avec son énergie et sa volonté il aborderait.

Où est-il allé ? Il m'avait écrit de Costa-Rica, de Genève, de Rome, de Bruxelles, de Grenade (du Nicaragua), de Londres, de San-José de Salvador; j'ignore, cette fois, dans quelles profondeurs il s'est enfoncé.

III

ÉCLIPSE

Il s'était jeté dans la politique. C'était à la veille de cette guerre qu'a suivie l'anarchie sous laquelle dépérit la France ; guerre inique, que dès longtemps avait préparée une nation ambitieuse et grossière, à laquelle elle avait forcé la France par des insultes réitérées, semblable à un duelliste qui vous cherche querelle en vous irritant, jusqu'à ce que, vous redressant, vous vous écriez : à nous deux[1] !

La France, assaillie à l'improviste, comme en un guet-apens, renversée, blessée, répandait à

1. Successivement : affaires du Luxembourg, des provinces Danubiennes, du Saint-Gothard, d'Espagne.

flots son sang. A ce moment, des malfaiteurs, lui mettant le pied sur la poitrine, la saisirent, et la firent leur esclave, pour servir à leurs convoitises, à leurs plaisirs et à leurs vices.

Lui, Belly, il ne fut pas de ceux-là; mais il espéra, dans l'absence de gouvernement qu'on appelle la *République*, dans ce trouble universel, trouver un moyen d'exécuter ses grands desseins. Que devint-il, dans ce pêle-mêle où ce qui est en haut descend au fond, et la vase du fond surnage à la surface? Qui le saura? Pendant le siège de Paris, on parlait des *Amazones de la Seine*, de M. Belly, et les événements étaient si précipités, si émouvants, on oublie si vite à Paris, que personne ne pensait : « C'est l'ancien journaliste, le promoteur du canal du Nicaragua. »

Surgit la Commune, à la tête échevelée de Gorgone; que lui a-t il été? qu'y a-t-il fait? on lit son nom parmi ceux qu'a condamnés le Conseil de guerre : il a donc pris part à la Commune, signé, sans doute, quelques ordres? Et, d'un autre côté, on vint, sous la Commune, l'arrêter : « Je m'étais opposé au renversement de la Colonne : ce n'est pas votre affaire ! occupez-vous des affaires de la ville ! m'écriai-je dans une réunion à la place Vendôme, où je connaissais le commandant de place, ancien aventurier en Amérique et soi-disant colonel. » Il se sauva, déguisé, avec un passe-port allemand. Ainsi, il était poursuivi de deux côtés : la Commune l'emprisonnait, le Conseil de guerre le condamnait ; il s'enfuit de France, il s'enfuit d'Europe.

En 1874, il est à Buenos-Ayres, professeur de littérature française à l'Université, avec 12,000 francs d'appointements. L'année suivante, Buenos-Ayres se donne une révolution : il était partisan du général Mitre ; après la chute de Mitre, il passe au Brésil. Là, ce républicain, fauteur de la Commune, rencontre l'Empereur : « Je vous connais, lui dit le lettré et érudit Don Pedro, vous avez voulu couper l'isthme du Nicaragua, j'ai lu vos récits dans *la Revue des Deux-Mondes.* » Et il le fait attacher à un journal nouveau, *le Globo*, à 900 francs par mois, payés d'avance.

On est ravi de l'entendre parler de cet Empereur, unique de son espèce, un souverain idéal, comme on en voit dans les contes de fées, paternel, bon, affable, humain dans le sens de Térence, *nihil a me humani alienum puto*, ou plutôt dans le sens Chrétien, ne se croyant pas différent des autres hommes, se mêlant et conversant avec eux, comme s'il était un de ses sujets, vivant simplement, allant par la ville tout seul, sans suite, entrant dans les salles de conférences et d'examen, et là, assis sur une chaise, écoutant et s'instruisant. S'il fait acte de souverain, c'est moins en Empereur, qu'en profitant de son pouvoir pour décider une chose raisonnable et utile. Belly se plaît à rappeler les traits d'initiative intelligente dont il a été témoin : l'Empereur assistait un jour à une thèse de docteur en droit; le candidat soutint très fortement la recherche de la paternité, contrairement à l'axiome : *is pater est quem nuptiæ demonstrant*. Les juges, qui avaient voté noir, communiquèrent leur verdict à l'Empereur : « Remettez la déclaration de votre jugement à demain », leur dit-il ; puis, quand le candidat fut parti : « Quoi ! Messieurs, un homme a des idées que, seul, il soutient contre tous ; instruit, d'ailleurs, et capable, et vous le repoussez ! » Les juges votèrent de nouveau et, cette fois, blanc.

Un autre jour, un ingénieur exposait dans une conférence ses observations sur une mine de diamants d'où il revenait. L'empereur, qui l'écoutait assis dans l'auditoire, monte sur l'estrade, examine de plus près ses tableaux de gisements, de terrains et, sur l'heure, lui dit qu'il fonde un établissement pour exploiter ces mines, et l'en nomme directeur, avec des ingénieurs sous ses ordres. « Et partout, il en est ainsi, il est adoré ! Mais, ajoute Belly, après lui, l'Empire ne sera plus possible, il sera renversé ; le pouvoir absolu, même exercé avec tant de lumières et de bonté, est mauvais! » C'est ce que déclarent avec lui les républicains utopistes, les parlementaires médiocres, intrigants et bavards.

Il se trompe : seulement il s'y doit joindre la Prudence qui prévoit, et la Force qui empêche.

Le bienveillant, le savant, le doux Empereur a été chassé par quelques factieux : il n'avait su ni les prévenir ni les arrêter.

Quant à Belly et au journal *le Globo*, au bout de trois mois tout était fini : pourquoi ? Ne put-il continuer, ne sachant pas le portugais ? Dans un article, demanda-t-il des institutions républicaines pour le Brésil ? Le journal cessa-t-il faute d'argent ? Les explications se contredisent, c'est l'obscurité.

IV

LE COUP DE PISTOLET

Un jour, on m'apporte un journal où se trouvaient ces lignes : « Hier (11 novembre 1876), la rue de Pachéco, à Bruxelles, a été mise en émoi par un suicide accompli dans des circonstances dramatiques. Vers dix heures, un vieillard convenablement vêtu s'est tiré un coup de revolver dans la région du cœur. Il se trouvait à ce moment devant l'entrée du passage Leblanc, presque en face de la porte de l'hôpital Saint-Jean. On a trouvé sur lui divers papiers qui ont permis de constater son identité. Il s'appelle Félix Belly, Français, né à Grenoble, et, quand il est venu s'établir ici, il n'y a pas longtemps, il arrivait de Rio-de-Janeiro. Sur une carte de visite, à son nom, étaient écrites, d'une main ferme, ces lignes navrantes :

« Je me tue, parce qu'il n'y a plus de place dans ce monde pour ceux qui ne veulent trahir ni la vérité, ni la justice. J'ai tout fait pour m'ouvrir une carrière honorable. Je n'ai réussi qu'à m'enfoncer de plus en plus dans la honte sociale de la misère. Il y a trois jours que je n'ai mangé. Je ne peux plus vivre désormais que de mendicité ou d'assistance publique. J'aime mieux mourir. Que Dieu me pardonne; je suis plus malheureux que coupable. »

Je fus bouleversé, à la nouvelle de cette catastrophe, je le crus mort.

Ainsi, il était venu s'échouer là comme contre un rocher : il avait tourné les yeux de tous côtés, il n'avait vu personne pour le secourir, personne même qui le regardât et s'occupât de lui; il a revu toute sa vie en un moment, dans un de ces moments où un demi-siècle passe devant vous comme un éclair, sans que rien vous échappe.

Nul espoir, nul avenir, rien de possible ! pas de lumière, pas une lueur, et le malheureux s'est tué !

Qu'il a dû souffrir ! que de pensées ! que de tortures ! quelles journées ! que de pas errants dans les rues de cette ville de Bruxelles où l'avait poussé je ne sais quel sort ! Comment y était-il venu ? A-t-il eu quelqu'un à qui il a pu demander conseil ? Connaissait-il même quelqu'un ? Oui, il a dû être seul : pas un cœur près de qui s'épancher, pas une main qui serrât sa main avec un sentiment qui fait reconnaître une main amie !

Où était-il ? dans quel trou d'auberge, dans quelle chambre sans feu ? Fallait-il qu'il fût changé pour qu'on dît de lui : un vieillard, lui qui avait la figure, la tournure si jeunes ! Mais la faim l'avait dû bien transformer : « Il y a trois jours que je n'ai mangé ! » Pauvre Belly ! Il savait, pourtant, qu'il pouvait compter sur un ami : dans sa dernière lettre, avant de partir pour l'Amérique, il écrivait à M*** : « Dites à E. L., quoique nous soyons séparés par un abîme... » Il appelait un abîme la politique; sa dernière pensée en quittant la France avait été pour moi. Quand il errait dans Bruxelles, tourmenté par la faim, comment n'a-t-il pas pensé à m'écrire? N'a-t-il pas osé? O profondeur des douleurs muettes! O que de secrets, les plus intimes et les plus déchirants, ne sont jamais révélés! O mon Dieu, qu'une telle mort nous doit attendrir! Quel retour sur tant de misérables qui meurent de misère à Paris, près de nous, comme le malheureux Belly, qui se tue, déjà à moitié mort de faim!

Il était tendre, il ressemblait à un enfant, il était faible, il avait besoin d'être mené, il l'acceptait des femmes et il l'avouait : il appelait Mme *** *maman*, elle l'avait soutenu depuis longtemps, elle savait lui dire ce qu'il devait faire. Il se mettait à genoux près de Mme E. L., et il lui contait ses affaires : « Ah! disait-il, des femmes comme vous sauveraient le monde, mais il y en a tant d'autres! » La Révolution, l'abominable Révolution lui avait tourné la tête.

Quel travail a dû se faire dans cet esprit si enthousiaste, qui s'éprenait si vivement des belles choses, qui concevait si vite, qui embrassait l'avenir? Quelle amertume il devait y avoir au fond de ce cœur! Ses projets qui avaient sombré l'un après l'autre, ses amis loin! ses parents morts! pas de famille! rien n'ayant réussi, quand son âge mûr était déjà avancé! rien, à ce qu'il semblait, de nouveau à tenter, ses forces brisées après une vie si agitée, la conscience qu'il avait tout épuisé, le désespoir de n'être pas apprécié à sa valeur par ceux dont c'est comme le métier et le devoir; autour de lui le silence, le désert, il s'est cru perdu : « C'est fini! rien ne viendra à moi, je ne suis plus rien dans le monde! » Il a eu, le pauvre malheureux, une pensée vers Dieu, il avait une trop grande âme pour être athée. Sa tête s'est prise, sa figure s'est injectée de cette teinte livide qui est comme le précurseur de la mort, ses yeux sont devenus horriblement fixes devant une seule idée ; il était fou, comme on l'est, je le crois, quand on se tue !

. . . .

Et depuis ? je ne sais rien, si ce n'est qu'il n'était pas mort, qu'il avait été recueilli à la porte de l'hospice, secouru, soigné, sauvé. Je pus le faire recommander aux chirurgiens par l'intermédiaire de M. D. Nisard, qui passait l'été à la campagne, près de Bruxelles. Quelques semaines après, il m'écrivit : il m'informait que des hommes généreux, touchés d'un tel malheur, s'occupaient de lui et cherchaient à le tirer d'affaire, qu'il quittait Bruxelles.

Ces *hommes généreux* étaient des Francs-Maçons[1]. Il partait pour Rome : qu'y allait-il chercher ? Comment, peu de temps après, y rédi-

1. Ce furent aussi les Francs-Maçons de Bruxelles et, en première ligne, M. P..., qui réunirent la somme avec laquelle Belly put venir, en 1886, se faire soigner à Paris.

geait-il les dépêches d'un diplomate, le comte A., à 100 francs par mois ? Une autre lettre m'apprend qu'il est en Suisse : « Que faites-vous à Genève ? La fortune n'est pas là-bas ; elle est rue Vivienne, à Paris. » Puis, encore le silence, la nuit, — jusqu'en 1884, où, de nouveau, le voilà à l'hospice Saint-Pierre, à Bruxelles, souffrant d'un mal affreux, hideux, un *lupus* qui lui déchire la face, un de ses yeux arraché dans une opération, menacé de perdre l'autre et, cependant, travaillant encore.

Ici, un incident littéraire : Il venait d'écrire un livre, les *Sept Merveilles du monde moderne*, dans lequel, avec ses connaissances variées et étendues, aidé de sa brillante imagination, il avait exposé, peint les œuvres les plus remarquables de l'industrie et du génie humain à notre époque : la coupure de l'Isthme de Suez, la percée du mont Cenis, le chemin de fer des Andes Péruviennes, etc. A bout de ressources, il avait présenté ce livre à l'Académie Française, pour un prix dont l'argent lui serait plus précieux que l'honneur. A l'Académie, on eut l'idée, sur le titre, de donner l'ouvrage à examiner à un mathématicien. Il y a des membres de l'Académie qu'on n'y admet que parce qu'ils sont étrangers à la littérature ; cela étonne, mais c'est une tradition. Le savant parcourut le livre et déclara que « ce n'était pas scientifique ». Belly n'eut pas le prix [1].

Il vit dans cet échec l'influence de M. de Lesseps ; il se trompait : les mathématiques poussées à l'extrême n'ont pas besoin d'aide, elles font des monstres, en atrophiant les autres facultés : « La Géométrie, dit Voltaire, laisse

1. Le savant ajouta même que « c'était mal écrit », comme s'il savait ce que c'est qu'écrire bien ou mal : « Ce n'est pas mon avis, dit M. D. Nisard, le juge le plus sévère de l'Académie, c'est un livre où les faits sont clairement exposés ; il instruit, il charme, il élève l'âme ; il me semble que d'un tel ouvrage on ne peut dire qu'il est mal écrit. » Le sous-officier qui s'était prononcé devant un général en convint, mais le rapport était fait.

l'esprit où elle le trouve »; et le grand Empereur Napoléon, qui les connaissait : « Les Sciences ne sont qu'une application particulière de l'esprit, les Lettres sont l'esprit humain tout entier. »

C'est après cet incident qu'il s'était décidé à venir à Paris pour s'y faire soigner, et dans l'espérance de guérir.

DEUXIÈME PARTIE

I

L'ATTACHEMENT A LA VIE

Voilà ce qu'il a été; voici ce qu'il est.

A Paris. — *Avril.* — Cet homme est tout d'imagination : immobile sur son lit, ne pouvant agir, sa tête incessamment travaille, et son esprit s'applique seulement à trois objets : sa conservation, le canal d'Amérique entre les deux Océans, et la Religion. Mais le premier est sa conservation : il s'attache à la vie; comme le prisonnier, il n'a qu'une idée, une idée fixe, échapper à la mort.

Un étranger qui, venant ici, tout à coup, verrait cette figure à demi rongée, cette pâleur de la mort qui l'a déjà touché d'un de ses doigts osseux, cette tête déformée, plaie qui suinte et s'en va en pourriture, ce visiteur épouvanté et apitoyé se dirait qu'il ne saurait faire d'autre vœu que d'une mort prompte, qui viendrait délivrer ce malheureux de ses souffrances et de ses tourments.

Eh bien, non ! Il ne veut pas mourir ; au contraire, il veut vivre. Il sait qu'il n'est plus qu'une partie de lui-même, que ce qu'on voit de lui, sa figure, est déjà à moitié détruit, et, cependant, il ne songe qu'à perpétuer son existence et à continuer de vivre, dût-il vivre ainsi, diminué, déchu, corps en ruines, tête répugnante qu'il cherche à cacher, objet de dégoût et d'horreur.

Mais, d'un autre côté, il ne peut échapper à l'évidence : la vérité lui apparaît implacable et sûre, il est trop clairvoyant pour se tromper : il l'aperçoit, c'est bien elle ; elle lui montre la fosse ouverte, et il ne peut l'éviter, il est au bord. En vain il se détourne, et ne veut pas regarder de ce côté ; il y revient et se convainc de la réalité ; tout à l'heure, il va y tomber. Il a un petit miroir de poche ; à chaque instant, il le prend dans sa main et regarde sa figure, son œil unique que menace déjà le mal qui, sans répit, diminue sa chair et la ronge ; il ne peut s'empêcher de le voir, et il vous le dit : il explique comment peu à peu le nez perdra toute sa partie charnue, et il vous présente cette affreuse image : « Elle se détachera bientôt, dit-il, et ce sera le creux triangulaire de la tête de mort. »

A ce moment, il est calme, il parle froidement, comme s'il parlait d'un autre, et on croirait qu'il s'est résigné. Mais non, il n'est pas résigné : son imagination rapide fait un soubresaut, sa pensée court comme un vaisseau sur une mer orageuse ; c'est une suite de hauts et de bas, de désespoir et d'espérance ; en un seul bond, il passe de l'un à l'autre ; il était abattu, on n'avait plus qu'à descendre son corps rigide dans la terre ; le voici se relevant, près de se faire illusion : « Oui, dit-il, s'il n'y a pas réaction ! » Et il ajoute quelques mots, qui demandent une réponse et, en vous écoutant, il vous regarde fixement, pour voir votre vraie pensée.

Il veut vivre, et il en cherche tous les moyens. Comme il est instruit, a beaucoup lu, et de tout, et qu'il a eu, hélas ! le temps de réfléchir, il a ses idées à lui sur la médecine, et qui ne sont pas toutes fausses : « Les médecins dont vous me vantez la sollicitude, dit-il, sont imbus de tous les préjugés de la médecine moderne contre la médecine d'observation ; le régime brutal de la chimie a détrôné les pratiques anciennes. La nature a donné à l'homme tout ce qui lui est nécessaire ; la terre est couverte de plantes propres à guérir toutes les maladies. La médecine moderne a abandonné la vraie voie : au lieu de suivre la nature, elle s'est engouée de chimie ; elle emploie les minéraux, des alliages de métaux destructeurs; elle traite le corps comme une cornue, avec des combinaisons artificielles qui exaspèrent la maladie. Les anciens employaient les plantes, qu'on appelait si justement des *simples*, les bains de vapeur, qui éliminent le virus intérieur; c'est ainsi que le moyen âge a été sauvé de la lèpre. » Et, il prétend qu'on en agisse de même avec lui; dès son arrivée à l'hôpital Saint-Louis, il demandait des bains de vapeur : « Je sais ce qu'il me faut; il doit y avoir collaboration du malade et du médecin. »

Le médecin l'écoute, sans répondre d'abord, il sait qu'il n'y a rien à faire qu'à le soulager ; mais, lui, il insiste et veut qu'on mette tout de suite son système en pratique, qu'on applique des sangsues sur son œil : refus du médecin, à qui son devoir interdit de diminuer le peu qui reste de forces à ce corps si affaibli, de retirer encore quelques gouttes de ce sang appauvri. Le malheureux alors s'emporte et, d'un mouvement violent, se tournant contre le mur, il ne veut plus parler, voir ce médecin.

Ému de cette scène, je suis le docteur Vidal :

— Que pensez-vous ?

— Il est perdu, sans ressources.

— Combien de temps a-t-il encore à vivre ?

— Six semaines à deux mois.

Il devait résister sept mois ! Ainsi se trompent les plus grands savants et les médecins les plus expérimentés, et tant il y avait de puissance morale en cet homme et de désir de vivre ! Comme avec une main crispée, sa volonté retenait, pour ainsi dire, la vie.

Mai. — D'abord, il ne veut plus rester à l'hôpital Saint-Louis, avec ce médecin qui refuse de faire ce qu'il demande : « Ces médecins savants sont des assassins ! » criait-il. On l'a transporté dans cette maison hospitalière des Frères Saint-Jean de Dieu, où ont été soignés tant d'incrédules, qui y ont laissé, parfois, sans le dire, une partie de leurs préjugés. Il a été visité par le médecin ordinaire de la maison, M le docteur Mène, et M. le docteur Ménard, praticiens instruits, prudents, doux. Leur réserve ne l'a pas satisfait : ceux-ci ne céderont pas plus à ses idées que le docteur Vidal. Aux rares personnes qui viennent le voir, il fait des questions sur les médecins qu'ils connaissent : on prononce le nom d'un médecin homéopathe, M. le docteur Rochet, de l'hôpital Saint-Jacques : « Un homéopathe ! oh ! oui, ceux-là ne sont pas des routiniers ; amenez-le demain. » En le reconduisant, je regarde le docteur Rochet : il tourne tristement la tête de droite à gauche. Ce mourant qui a tant le désir de vivre l'a intéressé : « Rien à faire ! »

C'est un autre médecin, maintenant, qu'il demande, le docteur Champenois, ancien chirurgien militaire : « C'est ce qu'il me faut, un chirurgien, et non un médecin ! Les chirurgiens militaires, — celui-ci a fait la guerre de Crimée et la campagne d'Italie, — ont une pratique variée et en savent plus que les médecins civils. » Et son imagination s'envole à la suite des visions qui se lèvent comme dans un songe : « La chirurgie est arrivée à un degré d'habileté merveilleuse, qui lui permet de faire ce qu'autrefois on eût à peine soupçonné : elle ouvre le corps, y trouve la source du mal, retranche les parties morbides, extrait des viscères entiers, referme le corps ; le malade est guéri, souvent mieux portant qu'avant ! Le docteur Champenois ne s'en tiendra pas à la surface ; il saura bien atteindre le mal à son origine, l'extirper, brûler ce qui est putréfié : immédiatement l'œil revivra clair et limpide, je serai guéri ! Il n'y aura plus qu'à me rendre tel que je puisse aller partout, avoir une tête présentable. La chirurgie est si adroite aujourd'hui, que ce ne sera probablement pas difficile, en prenant sur d'autres parties : il me refera une figure ! »

« Il m'en a parlé, après m'avoir longuement interrogé sur la médecine, disait le docteur Champenois; le malheureux, avec une conviction désolante, m'a demandé de lui *refaire une figure*, comme si c'était possible! »

A mesure que le mal gagne, que diminue le petit nombre de jours qui lui restent, les Frères de Saint-Jean de Dieu, les Sœurs, effrayés de son aveuglement, ne peuvent s'empêcher de faire des allusions à l'imminence, à la certitude d'une fin prochaine. Le Père D... a même insinué dans une phrase ces mots très nets : « Que le dénouement ne peut être que fatal » ; il l'a entendu comme s'il ne comprenait pas : mais il comprend très bien. « Il faut toujours mourir, dit en souriant la Sœur C..., avec « cette gaieté de la femme, » dont parle Shakespeare, d'un cancer ou à la guerre, dans dix ans ou dans quinze ans ».

Un pli se creuse entre ses sourcils, mais il se tient dans un silence farouche.

Le Frère F..., enfin, lui parle de son état « bien

grave, qui empire tous les jours » ; il prononce le mot de prêtre : à ce mot, il se redresse dans son lit, il s'emporte : « Un prêtre ! »

— C'est notre devoir de vous avertir ! dit doucement l'humble religieux.

Mais lui : « Je ne vous demande rien, que des soins, vous venez me tourmenter ; qu'on me laisse tranquille ! Si l'on m'en parle encore, je me lève, je monte en voiture, je vais me plaindre au commissaire ! Je n'ai nulle lésion dans le corps ; il n'y a pas un bouton, je suis sain, bien constitué, fort d'esprit et de complexion ! Je sens en moi la vie ! qu'on me guérisse ! Je veux vivre ! »

Quoi ! Vivre en cet état, à peine un demi-homme, un morceau de figure, répulsion des yeux et des narines ! Oui, il veut vivre, comme Voltaire, disant à son médecin Tronchin : « Mettez-moi sur une roue, les os rompus, les membres brisés ! pourvu que je vive, c'est assez ! — Voilà donc, lui dit Tronchin, le résultat de votre philosophie! Une pauvre femme, illettrée et croyante, accepte la mort avec résignation comme une volonté de Dieu, et, vous, la mort vous fait peur : à sa seule pensée, vous criez et vous tremblez comme un petit enfant ! »

II

L'HOSTILITÉ RELIGIEUSE

Il est agité d'un sentiment violent d'hostilité contre la Religion, et, pourtant, préoccupé sans cesse de la Religion, sentiments qui semblent contraires, et qui s'unissent souvent chez les incrédules, parce que, loin que leur incrédulité soit entière, ils doutent, et que le doute est un supplice qui ne se peut supporter, un cachot noir d'où il faut sortir; et leurs imprécations, leurs insultes, leurs blasphèmes ne sont que des cris qui demandent de la lumière et du jour.

Dès le commencement, il avait manifesté sa haine contre la Religion et sa résolution de la repousser. Je lui avais porté, le premier jour, une *Imitation;* il me dit, le lendemain, de la reprendre : « Je connais cela, je n'en ai pas besoin. » Un prêtre malade, son voisin de chambre à l'hôpital Saint-Louis, sachant par la Sœur son affreux état, vint le voir ; c'était un ecclésiastique doux, instruit, poli, bienveillant : après la première visite, où il ne fut pas question de religion : « Je consens à ce qu'il vienne me voir, dit-il, à condition qu'il ne me parlera pas de religion. »

A mesure qu'il avançait dans sa maladie, il était plus obstiné et rebelle : Mme E. L., surmontant sa répugnance, était allée lui porter ces consolations, ces douces et affectueuses paroles que les femmes trouvent plus facilement que nous hommes, dans leur cœur sensible et tendre ; elle crut devoir y joindre quelques mots qui le tournaient vers Dieu ; il garda le silence, il ne la repoussa pas, car il était un homme bien élevé, mais il me déclara, le jour suivant, qu'il désirait qu'elle ne revînt pas.

Un pieux et savant religieux, qu'il avait connu

avant qu'il fût prêtre, le P. A. Largent, de l'Oratoire, vint le voir. Hélas! il devait être reconnaissant à ceux qui, apprenant sa maladie, le visitaient : seuls, deux anciens amis des jours passés se présentèrent, et ceux-là étaient des chrétiens; quant aux hommes politiques, à ceux que, dans le monde parlementaire, on appelle ses *amis*, pas un même ne lui écrivit, ne lui donna signe de vie : il ne pouvait les servir en rien, il ne comptait pas. Le P. Largent prononça quelques paroles religieuses; Belly n'avait pas à garder vis-à-vis de ce prêtre la réserve qu'il avait eue à l'égard d'une femme, il entama tout de suite la discussion brutalement et, comme le prêtre répondait par des arguments qui l'embarrassaient, il s'emporta, il se jeta dans une digression sur « les mauvais papes, les superstitions, les crimes de la Religion : Grégoire VII, Innocent III, Grégoire IX, ce sont des scélérats, des criminels, qu'honore l'Église, l'Église qui n'agit que par intérêt ! » S'échauffant, à mesure qu'il parlait, il arrêtait les objections sur les lèvres du prêtre, puis, passant à une colère qui ne se connaissait plus, il tendit le bras vers la porte, et la lui montrant, il lui intima l'ordre de s'en aller, et de ne jamais revenir : il sacrifiait sans regret le vieil ami, un des deux ou trois qui ne l'avaient ni oublié ni délaissé.

Il y avait une cause à cette hostilité et à cette haine ; il me le dit un jour : dans sa jeunesse, il avait entendu d'un prêtre un mot qui avait profondément pénétré dans son âme : « L'Église, avait dit ce prêtre, sur ces points-là est indulgente et a des miséricordes. » Et lui, avec cette sévérité des jeunes gens qui ne sont pas encore beaucoup tombés, et à qui leur orgueil donne la confiance qu'ils en sont incapables et se hausseront au-dessus des autres, avait non seulement condamné la faute, mais, regardant en face le prêtre qui plaignait le coupable et pensait qu'il pouvait être ramené par le repentir et la douceur, l'avait jugé avec l'inflexible rigueur des stoïciens, qui semble à la jeunesse la vertu même, et accusé d'hypocrisie.

Et, de ce prêtre, passant sans transition à tous les prêtres et à la Religion même, il avait porté sur eux la même accusation, et affirmé, dans son orgueil, que la Religion est une comédie, dont les esprits fermes et droits se doivent éloigner avec tout le mépris que mérite ce vice bas et honteux, l'hypocrisie.

J'ai vu aussi d'autres hommes, honnêtes comme l'entend le monde, alléguer de semblables motifs, qui les avaient éloignés, disaient-ils, des pratiques religieuses et en avaient fait des ennemis acharnés de la Religion. Mais, on le peut assurer, il y avait, outre ces motifs, des causes moins sublimes et moins éthérées, et c'est, sans qu'ils l'avouassent, mais leur cœur devait le leur dire, ces causes secrètes et vraiment honteuses qui les faisaient persévérer dans leur haine et, pour ne pas se démentir, s'y enfoncer de plus en plus et mourir impénitents, révoltés, et avec l'apparence, pour le monde, de vertueux athées.

Quant à Belly, une autre cause plus prochaine de cette rage irréligieuse était son affiliation à la Franc-Maçonnerie. Il venait de passer plus de deux ans à Bruxelles, au milieu des Francs-Maçons, écrivant dans leurs revues, poussé, excité par leurs attaques contre la Religion. Pour être tout à fait d'un parti, il faut être aussi violent, aussi exagéré, aussi déraisonnable que le plus violent, le plus exagéré et le plus déraisonnable de ce parti. Moins d'un an avant d'écrire qu'il voulait être soigné, non dans un hospice laïque, mais par des Sœurs, il avait publié, dans la *Revue de Belgique*, un grand article, dont le titre seul dit la fureur d'impiété : *les Civilisations détruites par le Catholicisme*. Il n'avait pas voulu rester en arrière, lui qui avait été proclamé *maître* par les Francs-Maçons avec un si grand applaudissement.

Un jour (22 juin), à peine entré, je fus accueilli par une explosion de joie : « J'ai reçu, me dit-il, une visite qui m'a ravi ; c'est un prêtre, mais un prêtre savant, qui a habité l'Orient, qui sait cinq ou six langues : le syriaque, le chaldéen, l'arabe, l'arménien, qui connaît mon nom, mes écrits, mes projets, tout ce que j'ai fait. Avec cela, des manières charmantes : un homme du monde, des yeux superbes, une belle figure ! Il m'a parlé de l'isthme de Suez ; il était en Égypte, quand M. de Lesseps creusait son canal. Il est de mon avis sur l'isthme de Panama. C'est un homme à idées larges, qui voit de haut, un homme tout à fait supérieur ! »

Je demande comment est venu ce prêtre : « Il était dans la maison ; le nom de M. Belly a été prononcé : « Est-ce M. Belly, l'écrivain, qui a voulu couper l'isthme du Nicaragua ? » Il est entré, il a voulu me voir, il m'a demandé la permission de revenir ; vous pensez si j'ai accepté, je l'en ai prié. Il se nomme D... »

Ce n'était pas tout à fait le nom, il l'estropiait.

Cette visite l'avait épanoui ; il était tout feu, tout enthousiasme, il avait oublié son mal.

Pendant cette explosion, je souriais en dedans : ce savant prêtre qui l'avait enchanté, cet esprit si large, cet homme supérieur, était un Jésuite, qui possédait toutes ces qualités, mais, de plus, une âme tendre, affectueuse, qui avait le don de toucher les cœurs, de les émouvoir, de les attendrir, de les faire désirer de se tourner vers Dieu. Je l'avais vu au lit de moribonds impénitents, et j'avais admiré la tendresse délicate avec laquelle, comme une femme, il abordait ces âmes hautaines, la chaleur communicative avec laquelle il leur parlait, les calmait, les apaisait, les amenait à la consolation de raconter leur vie, leurs douleurs, leurs déceptions, leurs chutes, leurs révoltes, leurs désespoirs, au bonheur de se communiquer, de se faire connaître, qui est un des besoins passionnés de l'homme, de s'ouvrir, de peindre leurs fautes en les regrettant, de se *confesser* sans qu'ils s'en doutassent ; et il les faisait pleurer de joie d'être changés, allégés du poids du passé, convertis.

Le Père D... a accepté la mission de s'efforcer de convertir le malheureux Belly ; loin de l'effrayer, il est désiré.

Le surlendemain, Belly me parle de *son* prêtre, comme il l'appelle : « Il est revenu, nous avons eu une conversation scientifique sur les voyages modernes, la marche de l'humanité ; il pense comme moi au sujet de l'Amérique : là est l'avenir, le vrai nouveau monde ; il est très instruit, au courant de tout.

— A-t-il été question de religion ?

— Non, il parle de Dieu, c'est tout simple, un prêtre ! mais, moi, je crois à Dieu. »

Une semaine s'était passée : un jour, à mon arrivée, je le trouve immobile, ne me regardant pas. Je lui apportais des livres, des journaux, pas un remerciement ; à mes questions, pas un mot. Je me hasarde, pourtant, à lui demander s'il a revu son prêtre, alors il éclate : « Je l'ai mis, je l'ai jeté à la porte ! Je lui ai défendu de jamais remettre les pieds chez moi !

— Qu'a-t-il donc fait ?

— Ce qu'il a fait ? Il a voulu que je me convertisse ! Il m'a pris les mains, il m'a pressé dans ses bras, il a voulu m'embrasser ! » (Horreur ! dévouement sublime, embrasser cette tête pourrie ! Je frissonnais en l'écoutant.) « Me confesser ! » Il se dresse sur son lit, il agite ses bras en forcené : « Je n'ai rien à confesser ! Je n'ai pas fait de mal ! Je n'admets pas qu'un homme ait le pouvoir de vous remettre vos péchés ! Je ne me confie qu'à Dieu ! Ma conscience est plus pure que la vôtre et que celle du prêtre !... »

« J'ai écrit, reprend-il après un moment de silence, à M. P..., à Bruxelles, qu'il y avait une conspiration pour me convertir, — dont vous êtes ! s'écrie-t-il en me regardant fixement de son œil unique. C'est vous qui avez envoyé ce prêtre ; je l'ai chassé, je vous chasserai aussi ! Allez-vous-en ! Laissez moi ! »

Il est dans une telle fureur, qu'il serait inutile de répliquer ; il n'entend rien. Je me lève, je lui tends la main, il ne la prend pas. A la porte, je m'arrête un instant, attendant un signe, il s'est retourné du côté du mur, afin de ne plus me voir.

Je restai quelques jours sans me présenter ; un jour je revins, il me reçut cordialement, comme autrefois.

III

LE PANAMA

Son autre préoccupation, c'est le canal du Nicaragua, le projet de sa vie et, par contre et à côté, le projet de M. de Lesseps, réalisé celui-ci, ou, du moins, que M. de Lesseps cherche à réaliser. « Mais il ne le mènera pas à fin ! il ne le pourra pas, c'est impossible ! et il le sait. Je l'ai démontré, en sa présence, au moment où on le discutait en Congrès ; il n'a rien voulu écouter, et tout ce qu'il fait, tous ces appels d'argent répétés, sont une fraude, une tromperie, un mensonge, une filouterie ! » Dès qu'il touche ce sujet, il oublie tout, les paroles lui viennent abondantes, il déborde, il est intarissable, éloquent. Il en parle sans cesse, il suit avec attention, avec passion, les journaux où il en est question : tous les jours, je lui apporte *la Lanterne,* c'est celui qu'il préfère, parce qu'il est opposé au canal de Panama, et tous les jours il revient avec de nouveaux détails sur les difficultés, et toujours avec le même acharnement contre M. de Lesseps; il accumule les démonstrations, les preuves de son indignité, les imprécations : « C'est un scélérat, qui doit être dénoncé, poursuivi, condamné par les tribunaux !»

J'apprends qu'il ne s'en était pas tenu aux paroles : il avait, de Bruxelles, adressé une requête au procureur de la République, pour que M. de Lesseps fût « poursuivi comme escroc. » Sa dénonciation n'ayant pas eu de suite, il avait voulu que le public fût, du moins, éclairé ; il l'avait fait imprimer à un grand nombre d'exemplaires : « Il en a été répandu, dit-il, plus de quarante mille, seulement en Belgique. »

Aujourd'hui, son ardeur n'est pas refroidie : effet surprenant de la passion et de la force qu'elle produit, à l'étonnement des médecins, des infirmiers, des Sœurs, il demande de l'encre, du papier, et, tenant devant son œil un verre grossissant, il suit sa plume qui couvre le papier de lignes rapides. C'est un article pour le *Cosmos*, où il établit scientifiquement l'impossibilité de l'isthme de Panama, avec une précision qui n'oublie rien, une accumulation d'arguments, de faits, de chiffres : 40 kilomètres de la Cordillère des Andes à trancher, sur une hauteur de 130 mètres ; les terres supérieures glissant sous les pluies torrentielles et anéantissant le travail déjà fait ; une digue nécessaire pour arrêter les eaux, et qui sera emportée par le Chagres, qui monte tout à coup de 20 mètres, et entraîne tout en débordant ; des jetées immenses à construire à Chagres et à Panama, qui sont des ports sans abri ; le canal à niveau impraticable, le versant occidental ne fournissant pas d'eau, etc., etc.

Fatigué d'écrire, il dicte, même aux Sœurs, et l'on a peine à le suivre : « Les Etats-Unis, s'écrie-t-il, firent, il y a quelques années, une enquête sur tous les projets de canal interocéanique depuis un demi-siècle, avec des cartes, des plans, des devis : le livre, résultat de ces études, imprimé en Amérique, est très rare en Europe ; l'auteur, le commodore Lulle[1], estime les frais du canal de Panama à *cinq milliards* au minimum, et il était en deçà de la vérité ! Il ignorait certains obstacles ; cette somme, il faudrait la doubler ! »

« Quelle conclusion tirez-vous donc de votre démonstration ? dis-je. — L'abandon de l'entreprise : il n'y a que le dixième de fait ; on y meurt ; la fortune de la France s'y engloutira ! »

C'était le moment où la Compagnie du canal de Panama demandait un nouvel emprunt de 600 millions (juillet 1886). Tous les journaux célébraient à l'envi les louanges de M. de Lesseps, les actionnaires assemblés l'acclamaient

1. Je ne suis pas sûr du nom.

avec enthousiasme ; les objections n'étaient pas écoutées, on n'y attachait aucune importance : « On en a dit autant du canal de Suez, on le prétendait impossible ! »

Le mémoire destiné au *Cosmos* ne put être inséré, il était arrivé trop tard : Belly le résume en une lettre à M. Yves Guyot, pour *la Lanterne*, qui, jusqu'ici, s'était montrée hostile à M. de Lesseps, en l'accompagnant d'une pétition à la Commission de la Chambre chargée de l'examen de l'emprunt, lettre et pétition qu'il appelle le « testament d'un mourant », et qui étonne par l'énergie de l'expression et la force du raisonnement. La lettre ne fut pas publiée ; la pétition fut-elle même lue ? L'emprunt des 600 millions fut autorisé : argent encore perdu.

A cette heure où le canal de Panama est abandonné, et le projet du Nicaragua adopté par les Américains, le projet de Belly, qui, pendant trente ans, en avait fait le but de sa vie, l'espoir de son avenir, de sa renommée, de sa gloire, et toujours dans l'impuissance de mettre la main à l'œuvre ; qui avait assisté au triomphe d'un rival dont s'était engoué le public ; qui vainement avait exposé, prouvé la supériorité de son projet ; qui, par des études approfondies, plusieurs années d'observations, en avait démontré la facilité, la convenance, l'économie ; qui, après la proclamation de la victoire de M. de Lesseps, quand les millions et les milliards s'enfouissaient dans le gouffre de Panama, ne cessait d'avertir que ce gouffre était sans fond, que l'examen préalable avait été fait avec la légèreté et l'infatuation d'un esprit troublé par un premier succès ; qui avait dénoncé à la justice les mensonges d'une Compagnie réduite, pour se maintenir, à tromper le public et à entraîner des millions de pauvres gens confiants en elle à la misère et à la ruine ; qui avait annoncé, flétri d'avance la catastrophe inévitable ; qui avait trouvé l'opinion indifférente, le pouvoir hostile, les tribunaux muets ; — ce malheureux inventeur, mort à l'hôpital, méconnu, inconnu, de quelle joie eût-il été enivré ! quelle revanche ! quel espoir ! non pas seulement au spectacle de la chute lamentable, honteuse, irrémédiable de son rival, — il l'avait prévu, — mais quel cri de bonheur, en apprenant la déclaration publique des hommes compétents : que « son plan était le seul praticable, le seul raisonnable, le seul possible ; » le choix par les Etats-Unis de son projet même, l'envoi sans retard des machines et des ingénieurs au Nicaragua pour entreprendre les travaux ; le commencement enfin de l'exécution de cette grande idée dont il avait vécu avec enthousiasme, avec passion, avec douleur, avec amour !

Si, dans ses rêves, il a entrevu cette couronne, Dieu n'a pas permis qu'elle lui fut donnée, peut-être afin que, humilié et repentant, il revînt à lui.

IV

LES SŒURS

Quelques jours après qu'il avait été transporté à la maison des Frères Saint-Jean de Dieu, je trouvai, assises près de son lit, deux Sœurs de l'ordre des Assomptionistes. Voici la deuxième ou troisième fois qu'elles viennent, et elles m'ont appris qu'elles viendraient souvent le visiter. Elles lui apportent des fleurs, des bonbons, elles causent avec une douce sérénité qui l'enchante; il se tourne vers elles et écoute leurs paroles en silence, il semble, en les écoutant, charmé comme un oiseau qui va se laisser prendre; elles ne discutent pas, elles ne raisonnent pas, elles parlent tranquillement, d'une voix égale qui apaise et calme; il semble que la paix descende sur lui, comme la neige sur la terre sans bruit, et endorme son cœur irrité. Je les écoute, comme lui, et je ressens la même impression calmante et la même paix.

Toutes deux sont d'une taille élevée, noble, et à laquelle leur vêtement long et le voile qui encadre leur visage donnent une sorte de majesté, jeunes encore et d'une belle figure, dont, sans qu'on pense à détailler leurs traits, on admire la distinction et la beauté.

L'une est la supérieure, la Sœur F..., l'autre une Sœur Polonaise, la Sœur C... La Supérieure a une vie peu ordinaire : c'est une Juive, d'une famille profondément religieuse et convaincue, parente d'un philosophe Israélite, du même nom qu'elle. Instruite, et d'une intelligence éminente, âme chaleureuse, après sa conversion elle a été si remplie de la vérité, qu'elle n'a pu la garder en elle, elle l'a répandue autour de soi, et elle en a pénétré sa sœur, qui est devenue comme elle religieuse ; elle a entraîné dans le courant de sa conversion sa mère, qui s'est faite chrétienne avant de mourir. Il reste encore le père, inébranlable dans sa foi, et qui échappera peut-être à son influence, grand vieillard vénérable, dont elle a fait le buste exposé au *Salon* d'une de ces dernières années, sous le titre de : *un vieil Hébreu*[1]. Car, à un grand esprit elle joint le talent de l'artiste, comme ces autres filles de sa race, les Rachel, les Sarah, les Jenny Maria, si richement douées des dons intellectuels.

L'autre, la Sœur C... n'a pas d'histoire, — du moins je ne la connais pas, mais elle possède cette vertu de sa nation, l'enthousiasme, l'âme qui s'enflamme à la voix d'un homme inspiré, au récit d'une action sublime et qui, sans tarder, sans réfléchir, s'offre, se donne, s'élance au sacrifice, à l'immolation, souvent à la mort! Quand, le Jeudi saint, on lisait la *Passion*, les Palatins, au moment où le Christ était saisi par les Juifs,

1. Il est mort, depuis, converti.

tiraient à demi leur sabre du fourreau, comme pour courir à sa défense. « Vous avez, disait un Polonais à un écrivain philosophe, distingué les hommes en *trois races*, ceux qui se dirigent par la raison, que vous appelez *Anglais ;* ceux qui se laissent aller à l'imagination, que vous nommez *Allemands*, et ceux en qui est établi un juste équilibre de l'imagination et de la raison, et que vous désignez par le nom de *Français*. Vous avez oublié une quatrième race, — qui est menée par le cœur, les Polonais. » Le cœur, hélas ! sans la raison, et qui a amené leur ruine.

La Sœur C... est une Polonaise par le cœur, mais ce cœur est maintenu et guidé par la religion. A certains actes, cependant, on reconnaît sa généreuse race, et l'on demeure en silence, n'osant pas la louer dans son humilité. Un jour, elle partit d'au delà de Mantes, à 17 lieues de Paris, et fit toute la route à pied, du matin au soir, pour aller trouver un malade, le consoler et l'aider à mourir. Ce malheureux Belly venait de se tordre de douleur ; sa figure ravagée suait l'humeur et le sang ; son œil vitreux s'enfonçait noir dans ses chairs putréfiées, et, à travers ses cris de souffrance, il jetait le nom de Dieu avec des impiétés et des blasphèmes. En sortant, la Sœur C… me dit simplement ces mots, qui me pénétrèrent d'épouvante et d'admiration : « Je prendrais bien son mal pour sauver son âme ! » Je la regardai : sa figure était celle de tous les jours, placide, ferme et souriante.

Je demande d'où viennent ces Sœurs, qui leur a fait connaître Belly : elles sont envoyées par M. P… de Bruxelles. Quoi ! ce Franc-Maçon, à qui il voulait se plaindre de la conspiration pour sa conversion religieuse ? Oui, M. P… l'a recommandé à la Sœur F…, il l'a pressée de l'aller voir, de faire tout ce que lui inspirerait son cœur, tout ce que lui prescrit la charité chrétienne. L'homme n'est pas seulement contradictoire : dans son cœur, comme en un gouffre profond, on ne sait toutes les pensées qui y tourbillonnent. M. P... connaissait la sœur F... depuis longtemps, à ce qu'il semble : elle l'allait voir dans sa famille ; ses six enfants, qui n'ont reçu aucune éducation religieuse, qui n'ont pas été baptisés, s'étonnaient de cette femme, à la figure noble et sereine, habillée de longs vêtements noirs et blancs : « Où est son mari ? disaient-elles à leur père. — Elle n'en a pas. — Pourquoi alors l'appelez-vous *Madame?* — Elle est mariée à l'Eglise. » Elles riaient, elles ne comprenaient pas ; ce sont comme des sauvages dans la société chrétienne.

Ces Flamands flegmatiques raisonnent froidement leur incroyance ; ils ne sont pas détournés de l'argumentation logique par le vol vif de l'imagination : sans religion, sans Dieu, ils sont impies sans passion. Belly me rapporte des traits de cette négation tranquille : « La psychologie, lui disait une jeune institutrice, mais c'est la physiologie ! » c'est-à-dire, il n'y a que le corps, l'âme n'existe pas. Et un professeur, dans une leçon publique : « Il est donc à jamais prouvé, désormais, que le mot *mens agitat molem* (l'Esprit, Dieu, mène le monde) est une fable. » Belly s'indignait de cet athéisme impassible : de son éducation chrétienne, il lui était resté, comme à Victor Hugo, la croyance en Dieu ; mais quel Dieu ? Un Dieu qui ne se présentait pas en traits nets à son esprit, à qui il ne pensait pas, qu'il ne priait pas ; et ce Dieu-là, on l'oublie vite, on en doute, on est souvent près de le nier.

TROISIÈME PARTIE

I

PROGRÈS DU MAL

Maintenant qu'il est connu, je suis, une à une, les notes prises jour par jour. On y voit, avec les progrès du mal, la lutte intérieure de la révolte, la raison qui élève la voix, l'hésitation à se rendre, l'espoir acharné de vivre, la persistance de l'intelligence, la torture des souffrances, le désespoir qui oublie tout.

Grande leçon, instructif spectacle, preuve de l'existence de l'âme, présente, agissante, et comme visible dans la destruction du corps.

C'est ici, le combat du jour et de la nuit,

disait un grand poète mourant, Victor Hugo; il voulait dire la *vie* et la *mort*. C'est un plus terrible combat : de l'homme contre Dieu, de l'homme qui sait bien qu'il sera vaincu, mais qui, en attendant, maudit, insulte, injurie son vainqueur et, enfin, quand il se sent brisé, tombe sur ses genoux et adore.

Juin. — Les douleurs qu'il éprouve sont affreuses : « Il semble, dit-il, que des milliers d'insectes, avec leurs dents et leurs pattes, déchirent et rongent sa chair. » Il ne se trompe peut-être pas.

A certains moments, les Frères craignent que, de désespoir, il ne se fracasse la tête contre la muraille.

« Je ne veux plus voir personne ! » s'écrie-t-il. L'orgueil est de plus en plus exalté en lui, l'orgueil qui l'a fait échouer dans plus d'une de ses entreprises, et qui le fera peut-être mourir impénitent.

Juillet. — Il parle le premier de religion : « Je n'ai pas la foi ! » dit-il : c'est une nature impressionnable et changeante. Ce mot montre une sorte d'apaisement dans son esprit ; s'il s'irrite qu'on traite cette question capitale, c'est que, dans cette insistance, il voit comme une annonce de sa mort et, il le fait entendre, il a l'espoir de ne pas mourir.

Un morceau du nez est tombé, la lèvre est attaquée. Il s'est coupé la peau du front avec des ciseaux, et appliqué des sangsues sur la paupière, et jusque dans la bouche, « afin de dégager », prétend-il.

Il croit que son mal provient d'une blessure qu'il aurait reçue d'une arme empoisonnée. Est-ce vrai ? Comment et où ? Le docteur Vidal, dès le premier jour, à une question que je lui adressais, a répondu : « Dieu veuille que ce soit une de ces maladies, comme celle dont vous me parlez, qui, gagnée sous les tropiques, s'aggrave dans nos climats froids ; nous le guéririons. » Il n'a pas fallu longtemps au médecin savant pour ne garder aucun doute.

Ses douleurs dans la tête, au cou, sont des plus vives : « J'espère être étouffé ! » dit-il. La nuit surtout, elles sont si horribles, qu'il se lève dans son lit, il crie : « Qu'ai-je donc fait, mon Dieu, pour que vous me fassiez souffrir autant ! » A certains moments, on pense à ces incroyants, sans autre consolation que l'orgueil, qui se tuent. « J'irai me jeter à l'eau ! » a-t-il dit au Frère attaché à son service.

Un nouveau souci l'agite, le manque d'argent. Il est arrivé à Paris, avec une petite somme fournie par ses amis de Bruxelles, il calcule qu'elle est épuisée ; il ignore les concessions des Frères Saint-Jean de Dieu, et ce qu'ont fait les Sœurs. Son inquiétude est extrême : « Que va-t-il devenir ? » Il y revient constamment. Pour le rassurer, je me résous à faire deux démarches : l'une près de la Société des gens de lettres, quoiqu'il n'en soit pas membre, en m'adressant à M. Aug. Vitu; l'autre, près d'un homme avec qui il a été lié, et qu'il m'a représenté comme « le plus intelligent et le plus ouvert pour tout comprendre qu'il ait connu depuis plusieurs années », M. Yves Guyot. M. Yves Guyot est député influent; je lui écris qu'il faut que le secours accordé par le ministère soit *immédiat*.

M. Yves Guyot me répond qu'il a transmis, en l'appuyant, ma lettre au Ministre de l'Instruction publique: « J'ai pensé, ajoute-t-il, que c'était la meilleure recommandation qui pût lui être adressée. »

Je ne peux m'empêcher de sourire : il me semblait que je devais être une médiocre recommandation près du ministre de la République, dont, du reste, j'ignore le nom.

Deux lettres successives de M. Aug. Vitu m'informent qu'il y a lieu d'espérer un secours de la Société des gens de lettres, dont le Président a connu M. Félix Belly; et, de plus, « qu'un heureux hasard lui a permis de faire connaître la triste situation de Belly au Ministère de l'Instruction publique et des Beaux-Arts, qui va lui envoyer 200 francs. »

J'ai reçu les 200 fr. du ministère et 100 fr. de la Société des gens de lettres ; Belly est, pour le moment, rassuré.

Il est très mal : les sangsues refusent de prendre ; ce n'est que du pus. Il dit au Frère C..., qui prononce quelques mots de religion : « Taisez-vous ! J'ai mis le Père D... à la porte ; peu s'en est fallu que je n'y mette un ami de quarante ans ! »

Août. — On craint qu'il ne perde la vue ; s'il devient aveugle, on ne sait comment on le soignera. Il se met de nouveau des sangsues sur les paupières ; il y a hémorrhagie ; c'est une lutte pied à pied avec la mort.

Aujourd'hui, c'est le contraire : « Je ne crains pas de mourir, dit-il, je désire même mourir ;

il n'y a plus rien à faire, plus d'opération possible : je suis condamné. »

Il parle d'opération, parce qu'on vient d'en faire subir plusieurs extraordinaires à des malades de la maison des Frères Saint-Jean de Dieu : à l'un, on a incisé une mâchoire, une partie du cou et de la poitrine ; à un autre, enlevé une tumeur énorme au rectum ; à un troisième, une partie du ventre. Le docteur Péan, fameux chirurgien, a fait la première opération sur un meunier, qui a payé immédiatement 5,000 francs[1].

Il écoute ces récits avec la plus vive attention, il soupire : « Je ne peux essayer ces opérations, ni les payer. » Il est résigné, assure-t-il : « Je dis à Dieu : Vous m'aviez donné des facultés, j'ai

1. Deux cardinaux sont, en ce moment, à la maison des Frères Saint-Jean de Dieu, le cardinal Place et le cardinal Caverot. Le cardinal Place a été opéré de la pierre, et va bien ; le cardinal Caverot, chez qui est trop développé un cancer, et qui a quatre-vingt-deux ans, n'a pu être opéré.

fait des études sérieuses, et vous ne me permettez pas de les appliquer. Soit! mais ce n'en est pas moins amer! » Je réponds : « Si, après avoir essayé tout ce qu'on peut, une chose ne réussit pas, c'est que Dieu a jugé que ce n'est pas bon pour vous, pour un autre, ou pour le monde. » Il réplique : « Je n'accepte pas cette règle d'optimisme! »

Que dire à un malheureux rongé par un mal sans remède!

Grande hémorrhagie causée par les sangsues et une pince qu'il s'est attachée au-dessus de l'œil, près de la tempe; le sang se caille, il se regarde dans sa petite glace : « Il devient noir, dit-il, et comme deux grosses huîtres; toute ma tête est remplie de ce pus. »

Il écoute sans rien dire le récit de deux conversions dans la maison, puis, à la fin : « Je n'ai pas la grâce! »

Le silence sur la Religion, de l'aumônier qui vient le voir, et du frère C... qui le sert, ne lui est pas indifférent. S'ils en parlent, il devient tout à coup attentif : le Frère C... lui dit tout ce qu'il pense ; il est doux, soigneux, candide, très frappé de l'intelligence supérieure de Belly, et il le laisse voir. Belly aime à causer avec lui : ce Frère simple, illettré, obtiendra peut-être de lui ce qu'on a jusqu'ici espéré en vain.

Septembre. — Je suis, pendant ce mois, absent de Paris.

Octobre, le 4. — Retour à Paris. Il a été visité constamment par les Sœurs, qui l'ont comblé de soins, qui lui apportaient des douceurs, et par un de ses anciens amis, M. Hippolyte Peut, qui, ayant appris sa maladie, l'a secouru de toutes façons, et qu'il ne veut plus revoir, parce qu'il lui a parlé de religion[1]. Les chrétiens seuls vien-

1. M. Hippolyte Peut (mort le 22 juin 1887) était un savant économiste qui, entre autres travaux utiles, eut l'idée du canal Saint-Louis, dans le delta du Rhône.

nent le voir, et cependant il a écrit dans son testament, tout ouvert sur la table près de son lit, qu'il veut « être enterré civilement. »

Si on ne le lavait pas avec soin, disent les Frères, il serait empoisonné en peu de jours.

Il prononce difficilement certains mots ; il boit avec un vase au col allongé, il ne le peut avec un verre ; une partie de la lèvre est rongée, et il espère encore guérir !

Grand chrétien, il avait demandé à la Supérieure des Oblates de l'Assomption, la Sœur F..., de l'assister à sa mort. Il était à Cannes, quand il se sentit atteint ; il revint à Paris et fit appeler la Sœur F.... Près de son agonie, ayant gardé toute sa connaissance, il récitait les prières des agonisants, les psaumes. Sa figure était si transformée que la Sœur pensa : « Il est en extase ! il voit le Ciel ! » Elle le lui dit : « Oui, je vois ! » répondit il. Il laissa le tiers de sa fortune à des œuvres charitables, et voulut être enterré comme les pauvres, mais en payant le service de première classe à l'église. Le curé fit illuminer tout le chœur devant le cercueil porté sur des tréteaux. Personne n'avait été invité, sauf les Sœurs et les pauvres qu'il secourait. Ses parents firent construire un caveau ; il avait ordonné qu'on plaçât une simple croix de bois sur sa tombe. Il laissa près de ceux qui le connaissaient l'impression d'un saint.

Il est question, par hasard, de l'eucalyptus; il se redresse, il s'écrie : « C'est un admirable médicament ! Il faut l'employer. » Non pas celui des pharmaciens, il veut que j'écrive en Corse, pour qu'on prenne de l'écorce d'eucalyptus à des arbres « qui sont au bout du cours Napoléon, à Ajaccio, après la statue d'Abbatucci, de Dubray, sur une terrasse ». Il décrit le lieu comme s'il le voyait : « Écrivez tout de suite, il n'y a pas de temps à perdre. » Et sa figure détruite se refera-t-elle ?

J'écris le jour même pour qu'on en envoie.

Il ne peut plus lire ; sauf de rares moments d'emportement et de désespoir, il est, en général, patient. Que peut-il penser et espérer encore pendant toute une journée, le plus souvent seul ?

L'eucalyptus est arrivé, il s'en sert en lotions et en breuvages. Il y a là un amour de la vie qui fait réfléchir : Dieu l'a donné, pour que l'homme supporte les misères, les souffrances et les plus poignantes douleurs, et qu'il craigne d'éteindre cette « lumière », comme l'appelle saint Jean.

Il repasse son passé et s'attendrit sur sa jeunesse. Il était fils d'un père phtisique, il s'est trouvé de bonne heure sans famille : « Vous êtes bien heureux, vous, d'avoir une famille ! » Il dit vrai : c'est un bonheur auquel souvent on ne pense pas. Il explique, il fait comprendre comment, sans appui familial, il en a cherché partout, dans une femme, un ami, la Franc-Maçonnerie.

D'un autre côté, il est très fermé sur ce qu'il a fait de mal, sur ses erreurs, ses fautes ; il ne parle pas d'une seule. Il y a en lui, à la fois, un grand orgueil, et un homme faible qui demandait à être mené : « Plus ce monde, dis-je, est injuste, plus il prouve l'autre vie et Dieu. Dieu appréciera vos mérites. — Je l'espère un peu », répond-il.

Il fait des projets : si l'eucalyptus le guérit, il veut fonder un journal, pour combattre la centralisation, la prépondérance excessive de Paris. Il s'établira en Touraine, sur les bords de la Loire, à Blois, par exemple. Il me questionne sur le pays, le climat, les ressources intellectuelles. Il a tous les sentiments de la jeunesse, il se croit jeune, il pense comme s'il était jeune.

17 octobre. — Dès que j'arrive, il demande tout de suite : « Quelles nouvelles ? M. de Lesseps, les événements, la littérature ? »

« Il a coupé quelque chose de son testament, me dit le Frère C..., le passage sur ses funérailles laïques. »

On est frappé de son excitation extraordinaire. Il parle avec emportement ; il fait des sorties sur les salons, la presse, le gouvernement, les chefs républicains, l'Assemblée, le tabac, le théâtre, les femmes du monde. Sa figure est pourrie, son esprit est aigri, il en jaillit un jet de fiel. Ce sont des vérités, sans doute, mais exprimées avec des exagérations où toute limite est dépassée; il parle comme les femmes : « *Tout* est comme cela! Ils font *tous* cela! » Il semble qu'il veut entraîner le monde entier avec lui dans la mort. C'est un symptôme qu'on remarque chez quelques mourants incroyants : tout étant fini pour eux, ils voudraient que tout fût fini pour les autres.

II

LE SECOND SUICIDE — LES DERNIERS JOURS

19 octobre. — On vient me chercher à midi : Belly s'est tiré un coup de revolver dans la tête ; il ne s'est pas tué, il a sonné, on l'a trouvé dans une mare de sang, un revolver dans la main, quatre coups encore chargés. Il peut prononcer quelques mots : « Je souffrais trop ! »

La Sœur F... arrive, elle lui parle de Dieu, de confession : « Laissez-moi ! » — « Ce n'est pas un crime que j'ai fait, me dit-il, les Frères me comprennent ; j'éprouvais des souffrances dont on ne peut avoir une idée. » On ne peut le toucher sans qu'il crie. Je lui demande : « Que puis-je faire pour vous ? — Du chloroforme. » On n'ose lui en donner, de peur qu'il ne passe et qu'il n'ait pas un moment pour revenir à Dieu : « Dieu vous pardonnera vos fautes, qu'expient vos douleurs. » Il est immobile, les jambes repliées ; il me serre la main fortement, de sa main pâle de mort.

Il demande à être pansé, on lève son bandeau : horrible spectacle ! je m'enfuis jusqu'à l'escalier : tout un côté de la tête est noir, boursouflé, par gros bouillons, comme du drap bourru, sanguinolent ; au-dessous, un trou profond en entonnoir.

Puis, je reviens, il faut s'habituer à une telle vue.

Le soir, il a pris un peu de bouillon, puis l'a repoussé, le trouvant trop salé ; tout lui paraît salé. Ce qui semble inexplicable, c'est que la balle est restée dans le crâne, le médecin l'affirme, et qu'il puisse néanmoins conserver tant de force et de vitalité, une vitalité qui s'exprime par des mouvements et des cris de désespoir, que lui arrachent d'effroyables douleurs. Ordre est donné de ne pas le quitter : on est persuadé qu'il se jetterait par la fenêtre.

Il a tant d'énergie, qu'il avait défait son appareil, s'était levé, avait ouvert son sac de voyage, et en avait retiré son revolver.

La fièvre le prend vers six heures ; il est brûlant et il tremble de tout son corps.

L'aumônier erre aux environs, attendant le moment d'entrer. Il l'a déjà vu et lui a parlé, mais n'a pu lui dire que quelques mots : Belly entend mal.

L'aumônier, figure placide, grave, pâle, ressemble à un ascète ; j'ai une conversation avec lui : « Au dernier moment, dit-il, Dieu peut l'éclairer ; il peut avoir un moment de repentir, d'amour de Dieu, cela suffit. S'il se repent, il sera pardonné. » Il me cite un trait de la vie de saint Philippe de Néri : un homme s'était pendu ; sa femme se lamentait, désolée : « Ne craignez pas, dit le saint, il n'est pas damné ; au dernier moment, il a essayé de desserrer la corde, il s'est repenti. »

Je peins à l'aumônier sa figure, quand on a enlevé le bandeau et comment, à cet aspect effroyable, je n'y ai pu tenir, et me suis sauvé : « Il y en a de pires, » me dit-il, et il m'en décrit.

20 octobre. — Belly ne peut supporter la morphine ; on lui a donné une infusion qui l'a fait dormir toute la nuit. Son testament est tout ouvert sur la table : il remercie les Frères, leur demande pardon des peines qu'il leur a causées ; il donne aux Petites Sœurs des pauvres « tout ce qu'il a ». Hélas ! il a bien peu : quelque linge, sa malle, ses habits.

Il indique, en parlant, aux Sœurs, aux Frères, ce qu'on devra faire dès qu'il sera expiré, avec les détails les plus précis : « Il faudra mettre mon corps en bière tout de suite, car il tombera en pourriture. »

21. — Il a encore beaucoup de force : il se

soulève, il prend du bouillon, de la limonade, il se panse; on s'étonne qu'il puisse vivre encore; mais il tient tant à la vie!

Il parle peu, à peine quelques mots; il n'est occupé que de son mal, de ses boissons, etc.

La Sœur supérieure lui dit qu'on ira prier sur son tombeau : « Oh! si cela vous fait plaisir! — Ce n'est pas pour moi que je parle, c'est pour vous. » Il garde le silence; la révolte gronde encore.

Le Frère C... éprouve des douleurs vives, et a des rougeurs à la langue; il est toujours là, n'y a-t-il pas des miasmes qui l'ont atteint (on dit aujourd'hui des *microbes*)? « Il faut en parler au médecin; si vous alliez être infecté! » Savez-vous ce qu'il répond simplement, sans emphase : « Tant mieux, si c'était pour ma sanctification et la sienne! » C'est le même mot que j'ai cité, de la Sœur Polonaise : « Je prendrais bien son mal, pour que son âme soit sauvée. » Quelle foi! qu'ils sont heureux! Belly l'a dit à l'aumônier : « Vous êtes bien heureux d'avoir la foi ! »

La Sœur F..., la Supérieure, lui dit qu'il « n'a que peu de jours à vivre ; qu'il en profite pour réfléchir ! » Il répond : « Je n'en suis pas encore là ! » Ce qui signifie qu'il a déjà réfléchi ; il ne s'abuse pas sur la durée de sa vie, mais il a honte de se rendre : il attendra le dernier moment.

23. — Les Sœurs sont vivement affligées de cette obstination, elles craignent qu'il n'ait pas le temps ; il peut être empoisonné en quelques instants.

Tous ceux qui le voient ne peuvent s'empêcher de lui parler de sa fin prochaine ; le Frère C... le lui dit nettement, et ajoute : « Pensez à Dieu ! » L'aumônier s'approche ; il ne le repousse pas : « Subissez vos douleurs en expiation de vos fautes. » Il baisse la tête et murmure : *oui !*

Il peut difficilement s'exprimer; il emploie les gestes, pour me faire comprendre son suicide, il jette les bras en avant : « propulsion en avant, » dit-il, et, avec un geste violent : « propulsion en arrière ; puis le sang a coulé, jamais je n'ai tant souffert. » Pauvre malheureux! On ne peut l'écouter sans être ému jusqu'aux larmes.

24. — Un nouveau visiteur va apparaître : il y a quelques jours, Belly avait appelé par lettre un homme avec qui il est lié depuis trente ans, M. P. L..., dont il m'a parlé plusieurs fois. C'est un ancien professeur, exilé et pensionné du 2 décembre, très exalté, « mon antipode », disait-il (il ne se croit pas, lui, exalté). Une première lettre étant restée sans réponse, il en avait écrit une seconde très pressante : « Venez pour m'aider à mourir. » M. P. L... lui a répondu ; on a dû ouvrir la lettre et la lire à Belly : « Je viendrai pour vous aider à vivre, j'espère. » Il ne se doute pas de son état. —

On se demande si cet inconnu n'est pas un Franc-Maçon, et quelle influence il exercera sur lui [1].

Dans cette seconde lettre, que M. P. L .. m'a montrée après la mort, j'ai lu avec stupéfaction ces mots insensés : « Que, s'il ne venait pas, il aurait à se reprocher d'avoir abandonné *le plus grand homme du siècle!* » Ainsi s'est exaspéré l'orgueil jusqu'à la folie. Tout le monde, les plus humbles domestiques, sont frappés de ce prodigieux orgueil.

25. — La Supérieure, la Sœur F..., désolée de son endurcissement, tente un effort suprême, une invocation spéciale à la Vierge, pour sa conversion. Depuis plusieurs jours, la Communauté a commencé une neuvaine : toutes les Sœurs, dans la chapelle, à genoux, les bras en croix, prient, supplient Dieu de fléchir cet implacable

1. M. P. L... a prouvé, par sa conduite, jusqu'à la fin, qu'on s'était trompé.

orgueil; aujourd'hui, elles ont fait pour lui une communion générale.

Lui, il ne sait pas ce qu'ont résolu ces pieuses femmes, ce que leur inspire la passion pour son âme; j'écoute la Supérieure, tremblant d'émotion et d'admiration.

Ce soir, comment le taire, comment ne pas le remarquer! l'aumônier a entretenu Belly de religion, il lui a parlé des sacrements, Belly ne l'a pas repoussé; il lui a présenté ensuite un crucifix, il l'a baisé: « Je demande pardon à Dieu, a-t-il dit, c'est mon espérance. » Et, après un moment : « Que vont dire mes amis de ce que j'ai fait? Peu importe! a-t-il ajouté à deux fois, peu importe! »

Les réflexions ici sont inutiles, tout le monde les fera.

26. — M. P. L... est venu, il ne lui a dit que quelques paroles, il est épouvanté de son état; il ne doute pas qu'il ne soit à ses derniers moments.

27. — Belly a des absences d'esprit; quelquefois aussi, il feint de ne pas entendre, pour ne pas répondre; il y a de la ruse. Il souffre horriblement : « Ma tête est en feu, ma figure en feu, ma tête comme transpercée; la douleur a une intensité qui ne peut être dépassée. » Les soins des Frères, des Sœurs, sont incessants.

29. — Aujourd'hui, il a reçu les derniers sacrements; on croyait qu'il mourrait dans la nuit. Le Frère C .. lui a dit: « Vous n'avez plus que quelques heures à vivre, c'est le moment de vous réconcilier avec Dieu, de lui demander pardon de vos fautes. Le voulez-vous ? — Oui, Dieu, c'est mon unique pensée; ça été ma première pensée. » L'aumônier est entré, on lui a mis un crucifix entre les mains : il en frappe trois fois la muraille. — Pourquoi? Après l'absolution, l'Extrême-Onction, il est plus calme. Je lui dis que je suis là, il ne répond pas; à une seconde fois, par un murmure inarticulé. Quelle tempête

de pensées contraires se soulève en lui comme des flots!

31. — Il a un Crucifix enroulé par la chaîne autour du bras. Quand j'arrive, le Frère C... lui dit :

— Qu'est cela ?

— Vous le savez bien.

— Quoi ?

— Un Crucifix.

— Il est à la Sœur ?

— Non, à moi.

Il le met derrière son oreiller.

« Voici M. E. L... », lui dit le Frère; il ne répond pas, depuis plusieurs jours, à mon nom. A-t-il honte de son changement, qu'il appelle peut-être sa faiblesse ? L'aumônier m'assure qu'il avait toute sa connaissance quand il a reçu l'Extrême-Onction.

Il faut un homme de peine pour aider le Frère à le soulever dans son lit : l'odeur est telle que cet homme vomit et est obligé de s'en aller.

1er *novembre.* — Il vit comme dans un rêve; il ne voit plus; l'œil est comme de l'humeur séchée. On s'attend d'heure en heure à sa mort.

2. — On s'est trompé, il vit, et tout le monde s'étonne comment il vit. Il n'a pas perdu le sens : « Si vous voulez être mon infirmière, dit-il à la Sœur F..., voilà ce qu'il faut faire : m'envelopper de charpie et l'arroser d'un jet continu d'eau. » Il brûle, et il demande ce qui peut le rafraîchir, par une clarté de l'intelligence, que ni les souffrances, ni la destruction si avancée de sa tête n'ont pu affaiblir. On voit, par un trou large comme une petite cuiller, l'intérieur de sa bouche et sa langue remuer. A d'autres moments, il m'appelle à son secours : « Loudun ! Loudun ! » et sa voix est très forte encore.

3. — Aujourd'hui, à midi, Belly a perdu connaissance, et l'on est venu me chercher. A 2 heu-

res, les Sœurs présentes, tous étant à genoux, il a exhalé son dernier soupir.

L'aumônier a fait le signe de la croix sur son corps sans vie : « En ce moment, a-t-il dit, Dieu le juge. »

Ses funérailles ont été célébrées, le 5, à l'église Saint-François-Xavier, funérailles presque des pauvres, aux frais des Sœurs. Huit personnes, dont trois Sœurs et M. P. L..., assistaient à la messe.

Il a été inhumé au cimetière d'Ivry, dans un terrain acheté pour quelques années.

Par les soins de M. P. L..., une pierre surmontée d'une croix lui a été donnée, sur laquelle a été gravée cette inscription :

FÉLIX BELLY

CONCESSIONNAIRE DU CANAL INTEROCÉANIQUE

DU NICARAGUA

Mort à Paris, le 3 novembre 1886, dans sa 69e année.

Auxilium meum a Domino [1].

1. Quelques articles parurent dans *la Croix*, *la Patrie*, *le Figaro*, etc. Un de ces journaux retrancha ce qui avait rapport à la religion, soit pour ne pas blesser les Francs-Maçons, soit pour éviter leurs réclamations.

NOTES

ET

PIÈCES JUSTIFICATIVES

I

Les dates que l'on transcrit ici, relevées d'après la correspondance de M. Félix Belly, forment une suite aussi complète que possible, et donnent une idée des événements qui ont rempli sa vie, de ses voyages, de ses entreprises et de ses malheurs.

1817. — Né à Grenoble.
1838 1844. — En Italie, à Turin. A Alger.
1844-1848. — A Paris.
1849. — A Rouen. Rédacteur de *l'Impartial.*
1853. — A Dijon. Rédacteur de *l'Elu du Peuple.*
1853-1856. — A Paris. Rédacteur du *Constitutionnel*, du *Pays*. A Dublin. A Constantinople.
1858. — Premier voyage en Amérique. Traité de Rivas, avec le Président de Costa-Rica.
1858. — (Décembre) à Genève.
1859. — Deuxième voyage en Amérique (Costa-Rica).

1860. — Mora, président de Costa-Rica, renversé (14 août), fusillé (30 septembre).

1860. — Publication des articles sur l'*Amérique centrale*, dans *la Revue des Deux-Mondes*.

1861. — A Paris.

1861. — Troisième voyage en Amérique (Nicaragua).

1862. — A Genève.

1863. — Quatrième voyage en Amérique. Séjour à San-José de Costa-Rica, à la Union.

1863. — (Octobre) à Rome.

1864. — (Janvier) à Genève.

1864. — Cinquième voyage en Amérique (Nicaragua).

1865. — A Genève.

1867. — Publication du livre : A TRAVERS L'AMÉRIQUE CENTRALE, *le Nicaragua et le Canal interocéanique*.

1869. — A Paris.

1870-1871. — A Paris.

1872. — A Londres.

1873. — Sixième voyage en Amérique. A Buenos-Ayres (République Argentine).

1875. — A Rio-de-Janeiro (Brésil).

1876. — A Bruxelles. Premier suicide.

1877-1878. — A Rome.

1881. — (Mai) à Alger.

1882. — (Novembre) à Ajaccio (Corse).

1883. — (Janvier) à Marseille.
1884. — A Bruxelles.
1885. — A Bruxelles.
1886. — (Janvier-Mars) à Bruxelles.
1886. — (30 mars-3 novembre) à Paris. A l'hôpital Saint-Louis. A la maison hospitalière des Frères Saint-Jean-de-Dieu. Second suicide.
1886. — (3 Novembre) mort à Paris.

II

EXTRAITS

DES LETTRES DE M. FÉLIX BELLY

Bruxelles, le 16 décembre 1876.

Mon cher Ami,

Je ne suis pas encore sorti de l'hôpital et je n'ai aucun moyen d'aller au Nicaragua. Tout ce qu'ont pu faire mes amis a été de me prêter un millier de francs pour aller en Italie négocier l'opération que la Belgique repousse par prévention et par inertie. Je pars donc demain pour Rome et j'ai le regret de vous dire que je ne pourrai pas vous voir en passant, car, malgré mon triste état de santé, je suis obligé de passer par les neiges et les tourmentes du Simplon. Ainsi le veulent les doctrines sataniques et les dragonnades légales qu'on a l'impudence d'appeler la République française.

Je suis proscrit. La Commune m'avait décrété d'arrestation, écroué, traqué et condamné comme réactionnaire; et je n'ai échappé au massacre de la rue Haxo qu'en m'enfuyant, le 14 mai, sous un déguisement d'ouvrier, en traversant la Seine à minuit, au milieu des hordes fédérées qui m'auraient fusillé sur place, s'ils m'avaient découvert, comme ils en ont fusillé un autre presque sous mes yeux. Cela n'empêche pas que les conseils de guerre de Versailles m'ont traité en communard. Voilà la justice des hommes. N'avais-je pas raison de vouloir me réfugier dans le sein de Dieu et de préférer la tombe de l'éternité au spectacle des choses de ce monde.

Je serai à Rome dans huit jours, si je ne suis pas emporté par une avalanche; et si vous y avez des amis sérieux, vous me rendriez service de m'envoyer des lettres d'introduction écrites avec votre cœur.

Tout à vous,

Félix BELLY.

Rome, 22 avril 1878.

MON CHER AMI,

J'arriverai à Bruxelles épuisé, l'ŒIL PRESQUE PERDU. Je partirai probablement dans trois jours et je vous écrirai aussitôt mon arrivée.

Ajaccio, dimanche 26 novembre 1882.

Mon cher Ami,

Je *suis perdu*, je compte sur mon lit de douleur les jours qui me restent à vivre. J'ai été déçu dans *toutes mes espérances de guérison* et de renouveau politique, et je mourrai désespéré de n'avoir pu réaliser tout ce que je sentais en moi . . . . .

. . . .

Je laisserai pour *vous* une *malle de papiers* chez madame Brizzi, 72, cours Napoléon, où je demeure.

Oh! si j'avais eu une tante aimée !! hélas !

Marseille, 16 janvier 1883.

. . . .

Vous savez depuis plusieurs jours que je me *suis* DÉBARRASSÉ de *mon œil droit*. L'avenir dira si je n'ai pas fait une sottise. . . . .

. . . .

Bruxelles, 5 décembre 1884.
Hôpital Saint-Pierre, Chambre n° 3.

Mon cher Ami,

C'est encore d'un hôpital que je vous écris et dans une situation plus douloureuse et plus désespérée que celle d'il y a huit ans. J'avais alors mes deux yeux et je pouvais travailler, ce qui me permettait de vivre sans tendre la main. Je n'ai plus aujourd'hui que la moitié de l'œil gauche, menacé encore d'une fermeture complète. L'autre a été arraché avec la moitié de la joue, sous le plus futile prétexte, par un de ces vivisecteurs d'hôpitaux qui ne voient dans l'homme qu'un cadavre, et depuis deux ans je traîne l'existence d'un lépreux, ne pouvant aller nulle part, rongé de douleurs physiques et morales et sans aucune ressource régulière. Je serais même sans abri et sans pain, si le Conseil des hospices de Bruxelles, mis au courant de mes malheurs et de ma situation, ne m'avait pas offert un asile que j'aurais vainement sollicité dans mon pays. C'est de cet asile que je vous écris, au hasard, à votre adresse de 1877, sous l'impression de vos offres spontanées de cette époque.

Bruxelles, le 27 décembre 1884.

MON CHER AMI,

Je ne suis pas heureux. Tout me manque à la fois dans un de ces moments terribles où une mort affreuse est la seule perspective du lendemain. Mais je ne vous en remercie pas moins de tout cœur de votre chaleureuse intervention auprès de M. Nisard, et je vous prie de remercier M. Nisard de l'intérêt qu'il a bien voulu prendre à ma position.

Je ne puis plus me faire illusion. Ma carrière est finie et je disparaîtrai obscurément au fond d'un hôpital, au moment même où le tracé du Nicaragua triomphera par l'initiative de ces États-Unis, qui l'ont obstinément repoussé, quand il était entre mes mains. J'avais, seul, vu juste il y a trente ans, on m'a traité de rêveur, on m'a opposé les tracés les plus absurdes, que personne n'avait étudiés, mais que préconisaient des personnages importants, et vous voyez, depuis quatre ans, toute la presse parisienne accumuler des montagnes de mensonges pour défendre l'œuvre de M. de Lesseps, la plus formidable escroquerie du siècle. Voilà la justice sociale. Je suis resté écrasé sous ces iniquités et je n'ai plus la force de lutter contre ma destinée qui ressemble au *fatum* antique.

Mardi 29 septembre 1885, Bruxelles.

Mon cher Ami,

Ne m'en veuillez pas de mon silence. Je traverse des épreuves si douloureuses, physiques et morales, que je suis tous les jours tenté d'en finir et que je vis dans la prévision de ce dénouement. Le mal qui me ronge toute la figure jusqu'à la gorge, et qui me cause des souffrances souvent intolérables, est encore aggravé et rendu irrémédiable par le régime que je subis à l'hôpital. Mes amis de Bruxelles, à commencer par le bourgmestre, ont cru me sauver en m'ouvrant un asile perpétuel dans un magnifique établissement qui roule sur des millions, et ils l'ont fait avec une spontanéité et une délicatesse que je n'aurais pas rencontrée en France. Mais ils avaient compté sans les vices de son organisation, et sans les égoïsmes tout-puissants qui remplacent maintenant dans les hôpitaux, comme ailleurs, l'ancienne inspiration de la charité et du devoir. Je suis livré sans défense, depuis un an, aux brutalités d'une espèce de monstre, ancienne vachère devenue la favorite de je ne sais qui, n'ayant pas un atome de sens moral et de sens humain, qui m'a déjà imposé plus d'humiliations, plus de privations ou plus de nuits désespérées que je n'en ai souffert dans ma vie entière. Je n'ai pas une goutte de sang dans les veines. Tout s'écoule en torrents de pus qui inonde mon lit et mes effets. Je meurs d'épuisement et de décomposition. Et, quand je demande du feu, on me marchande une poignée de poussier, et, depuis un an, je n'ai pu obtenir une tasse de vrai bouillon dans une maison où il entre des montagnes de viande. Peu s'en faut que je ne meure de faim dans cette maison qui regorge de tout, grâce au système qui y règne et à la coquine qui me l'applique. Et quand je réclame, on me répond que cette fille est trop protégée pour qu'on y touche. Voilà, mon cher ami, ce qui remplace, pour moi, atteint d'une maladie mortelle et souffrant parfois comme un damné, les soins, les bonnes paroles et le régime fortifiant dont j'aurais tant besoin. Aussi, ne puis-je plus tolérer cette situation et je fais faire, en ce moment, des démarches pressantes pour être admis à l'*Hôtel-Dieu* de Valenciennes, même dans la salle commune. Vous devez comprendre maintenant pourquoi je n'écris plus, même à vous. Je suis un cadavre pour qui tout effort est un supplice. J'ai lu et apprécié tout ce que vous m'avez envoyé. Je vous remercie de vos bonnes intentions à l'égard de mon livre. Je sais tout ce que vous valez pour moi. Mais quand il faut me lever pour prendre une plume, je retombe comme une masse au fond de mon fauteuil. Gardez-moi votre fidèle et loyale affection.

Félix Belly.

TABLE DES MATIÈRES

TABLE DES MATIÈRES

PARIS. — IMP. V. GOUPY ET JOURDAN, RUE DE RENNES, 71.

www.ingramcontent.com/pod-product-compliance
Ingram Content Group UK Ltd.
Pitfield, Milton Keynes, MK11 3LW, UK
UKHW020919180726
13838UKWH00002B/643

9 782329 37543